卓越学校建设之路

ZHUOYUE XUEXIAO JIANSHE ZHI LU

邓淇 著

山东人民出版社·济南

国家一级出版社 全国百佳图书出版单位

图书在版编目（CIP）数据

卓越学校建设之路/邓淇著. --济南：山东人民出版社，2022.4

ISBN 978-7-209-13639-6

Ⅰ.①卓… Ⅱ.①邓… Ⅲ.①中学-学校管理-文集 Ⅳ.①G637-53

中国版本图书馆CIP数据核字(2022)第063095号

卓越学校建设之路

ZHUOYUE XUEXIAO JIANSHE ZHI LU

邓淇 著

主管单位 山东出版传媒股份有限公司
出版发行 山东人民出版社
出 版 人 胡长青
社　　址 济南市市中区舜耕路517号
邮　　编 250003
电　　话 总编室（0531）82098914
　　　　 市场部（0531）82098027
网　　址 http://www.sd-book.com.cn
印　　装 山东新华印务有限公司
经　　销 新华书店

规　　格 16开（169mm×239mm）
印　　张 11
字　　数 200千字
版　　次 2022年4月第1版
印　　次 2022年4月第1次
ISBN 978-7-209-13639-6
定　　价 36.00元

序

勇立教育改革潮头

在枣庄这片教育热土上，邓淇同志耕耘了38年，做过三所不同类型学校的校长，卓有建树。

邓淇同志于1998年3月始任滕州市第五中学校长，把一所名不见经传的农村普通高中打造成当地优质学校；2002年10月转任滕州市第二中学新校校长，短短几年的时间，让一所濒临倒闭的股份制中学跻身枣庄名校行列；2009年8月调任枣庄市第十五中学校长，实行现代学校管理制度，深化教育教学改革，大力推进素质教育，枣庄十五中由鲁南名校发展壮大为齐鲁名校。

《卓越学校建设之路》这本书辑录了邓淇同志在枣庄十五中工作期间的各种讲座报告、交流发言、工作汇报以及论文24篇。透过这些文章，我们可以看到邓淇同志的教育思想。

一是坚持立德树人。在“做豪迈的中国人”的育人总目标指引下，枣庄十五中倡导建立“三委会”，设计德育生活化作业，把德育融入学生学校生活、家庭生活与社会生活。实行全员岗位育人，全方位、立体化丰富德育课堂，浸润学生心灵，助力学生成长。

二是坚持素质教育。在应试教育“痼疾”难除的情况下，枣庄十五中率先向素质教育转型，国家课程校本化实施，校本课程选课走班，“小组竞学”激发学生的内在动力，学生实现了从“要我学”到“我要学”的转变。法治教育、科技教育与党史国史教育也硕果累累。

三是坚持质量为本。教育质量是学校发展的根本要求，也是衡量一所学校办学是否成功的根本标志。枣庄十五中一年一个台阶，升入省重点高中的学生人数连年攀升，2018年占某重点高中招生人数的1/2。初中学业水平考试优秀率、合格率始终高位运行。学校的高质量发展得到了社会的广泛赞赏和高度认可。

上述办学思想朴实无华，是国家对基础教育的根本要求，是贯彻党的教育方针的具体体现。在邓淇同志的领导下，枣庄十五中取得了四大教育创新成果。

一是创新育人模式，实施“五环节”全程育人模式，荣获中国教育学会初中教育专业委员会教育创新成果奖，其经验在全国推广。二是创新课堂教学模式，“五环节”自主学习型课堂教学模式有效提高课堂教学效能，破解“后三排”难题，获得山东省省级教学成果奖。三是创新家校共育新范式，学校被山东省教育厅、山东省妇女联合会评为山东省家庭教育示范基地，荣获中国教育学会家庭教育专业委员会全国家庭教育十佳案例奖。四是创新学校管理方式，实施“切块、打包、拎走”的“条块式”学校管理新策略，极大地提升了管理效能。

这些创新成果因应新时代教育改革需要，影响广泛。邓淇同志从2010年至2013年连续四年在山东省素质教育论坛上介绍学校办学特色，枣庄十五中先后成功承办全国中小学良好习惯养成现场会、中国教育学会第二十八次学术年会家校联动全国分论坛，把枣庄十五中的教育教学改革经验推向全省乃至全国。2017年枣庄十五中被评为首批全国文明校园。

2018年9月，邓淇同志调入枣庄市教育局工作，现任枣庄市教育局党组成员、副局长、市教科院院长。他山之石，可以攻玉。《卓越学校建设之路》能够为教育学人提供很好的借鉴。

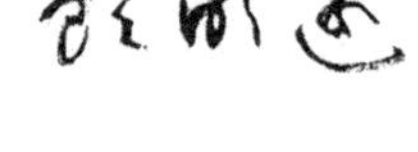

目 录

第三章　家校协同育人

第四章　师生素养提升

第一章 学校管理创新

创新“三委会”工作　实现生活化教育

枣庄十五中坚持以科学发展观为统领，以“德育为首，全员育人”为工作核心，以全面提高学生综合素质为目标，在夯实常规管理的基础上，积极探索德育工作新途径，创新德育管理新模式，营造高品质育人环境，努力创新学校“三委会”工作，实现生活化教育，取得了良好的育人效果。

一、完善学校教育“三委会”，构建全方位育人环境

为创造良好的育人氛围，使学校更好地与家长、社会进行沟通，形成教育合力，建立学校、家庭、社会网络化的教育环境，学校完善了学生教育“三委会”。

一是“家长委员会”。学校确立了全体家长“首任教师制”。孩子成长是家长的首要任务和第一责任，学校充分调动家长的积极性，让他们积极投入到孩子的教育上，引导家长减少依赖学校、依靠老师的意识，积极配合学校、联手老师，共同担当教育学生的重任。

1.成立家长学校，教授科学的家教理念和方法。聘请省、市家庭教育专家作指导，安排学校优秀班主任担任成员；通过校园网络平台指导家教实现家校网络交流合作；通过家校联系卡、学生成长册实现家校协作，共同对学生进行成长激励和综合评价。

2.建立学校家长委员会，聘请家长担任学校教育监督员、学生成长导师和家长学校讲师。在每个班级聘请5—10名家长，根据各自特长，让他们分别担任家长委员会成员、学校教育监督员、学生成长导师和家长学校讲师；这5—10名家长，又组成本班班级家长委员会工作小组，负责班级家庭教育指导和班级建设指导。

二是“社区教育委员会”。建立社区全体成员“单位助教制”，将学校教育延伸到社区，改善学生生活环境，提高社会育人功能。调动社区全体成员关爱青少年成长，把学生生活的社区环境构建成学生成长的大学校。

1.建立学校社区教育站（学生辅导站、家长指导站）。由社区“五老”、学校退休教师、社区妇联成员、团委和关工委成员、学校班主任组成辅导人员，采取“定点、定人、定时、定责”方式实现社区教育功能，帮助社区问题学生和社区特殊家庭改善家庭教育环境和社区教育环境，实现学校教育延伸到每个家庭和社区。

2.建立学校社区委员会。协同派出所、交巡警支队、交管局、城管局、法院、医院、网监部门等，成立学校联合教育站（联防联育教育站）。在校园设立民警值班室、社区委员会办公室，负责学校突发问题的处理和学校社区联合管理。

3.建立社区实践基地。建设校外劳动基地、礼仪基地、科普基地、法治教育基地、敬老基地、国防基地、环保基地、商贸基地、工矿基地等，保证每个学生、每个学期参加一次基地实践活动。

三是“教育志愿者委员会”。依靠学校关工委，成立学校“教育志愿者委员会”，成员主要由市区关工委老领导、老专家，离退休老教师，学校教职工及社会上热心教育事业的人员组成。

1.设立“关心下一代工作指导站”，聘请老领导、老专家以“坐诊”的方式，接受学生、家长等的教育咨询并提供帮助。

2.实施学校“全员育人导师制”。学校实施了“学科教师承包制、管理人员帮扶制、全体干部分包制”的全员育人机制。学科教师承包班级自主合作小组，并担任个别学生成长导师；每名学校管理者担任1—2名“问题学生”的帮扶导师；中层干部包班级，校级干部包年级。同时，把教师帮扶学生的情况纳入教师个人学期工作考核。建立班主任团队，采取班务责任分工管理。有总管班主任和分管班主任，总管全面负责，分管也是协管，负责某项工作，如课间活动、作业质量、小组建设、班级文化、体育活动等。班集体建设量化成绩纳入教师考核。

二、创新工作方式，突出育人效果

学校充分利用“三委会”教育资源，积极探索灵活多样的工作方式，拓展德育大课堂，形成了不同类型、不同形式的德育课堂，让学生多角度、多途径接受知识，锻造品格，完善自我。

1.“家长教师”让学生大开眼界。学校从实际情况出发，因地制宜，提出了“家长进课堂”这一设想。“家长教师”就是聘请有一定专业特长的家长担任综合实践活动课的教师，让他们把不同领域的知识和技能带进课堂，传授给学生，拓宽学生的知识视野。每次“家长教师”进课堂，都有来自全市各个行业的学生家长，带着精心准备的教案走进课堂，与学生进行面对面的交流。“家长教师”结合各自的工作实践和专业特长，为学生们讲解不同领域的知识技术，并传递正向人生信仰和价值观。家长们的讲解有耐心，有激情，有关爱，有期望……学生们听得兴趣盎然，激动万分，课堂处处洋溢着精彩，精彩把课堂无限延长……

这一校本课程的开设，得到了山东省教育厅领导和全体师生、家长的充分肯定，2008年12月，本课程被山东省教育厅推荐为素质教育宣传典型。

2.名家名师讲堂和学生百科论坛多方位提升学生素养。请名家艺人进校园，开设专题报告会，让学生同作家、艺术家、科学家、医学专家、著名记者面对面交流，感受大家风范；使地方民俗文化如柳琴戏、伏里土陶、山亭皮影、山东快书成为学生的兴趣特长。

以班级为单位，每周开设一次学生论坛，让学生走上讲台展示风采。学生通过讲中华故事、讲历史文化、讲科普知识，既拓展了知识、培养了能力，又培养了热爱祖国的情感。

3.拓展课堂使校本课程个性鲜明。学校设置专用教室，配备专职或兼职辅导员，目前，学校已开设戏剧曲艺课堂、编织木艺课堂、陶艺泥塑课堂、剪纸织绣课堂、模型玩具课堂、茶艺烹饪课堂、摄影集邮课堂、书画艺术课堂、艺术体操课堂、中华武术课堂、心理健康课堂、百灵合唱课堂、百灵管乐课堂等十多种特色课堂。

4.学校和社区联合开展基地课堂，做到有活动计划，有兼职辅导员，有活动保障措施，突出基地活动的实践性、生活性、主题性，提高育人实效。

5.设置专门学校为学生开展主题教育、特长发展搭建平台。专门学校开阔了学生的视野，锻炼了学生的意志，丰富了学生的文化知识。

社会服务学校：建立红十字学校、志愿者学校，成为校园社会服务、爱心行动的组织机构。

社团学校：开展团校、少年学院活动，丰富学生的生活，拓展学生的才能。

生命教育学校：建立青春期学校、法治学校等。

三、实施教育生活化，锻造学生品格

“德育生活化”是学校多年来试验的德育课题，所谓德育生活化，就是把德育教育融入学生日常生活之中，以日常生活内容为德育教育素材，让学生从身边的小事做起，进行自我管理和自我教育，使学生品格塑造成为自觉行动。

一是实施“学生品格自我塑造工程”。给学生布置每日德育生活作业，让学生做到每日向身边的亲人、同学微笑致敬，每日反思五分钟等；开展每日“诵读、静思、歌唱”三项活动；举办班级每日生活知识窗展示，栏目有“天气情况”“历史上的今天”“诵读推荐”“百科知识”“新闻快报”“跑操驿站”等；进行学生良好习惯养成每周自我测评；暑假开展“在实践中成长，在探究中学习”综合实践活动，寒假开展“雷锋伴我度新春”综合实践活动，长期开展“做文明学生，当文明使者”生活教育活动；等等。

二是倡导高品质文化校园。开展“六项活动”，提升校园精神：开展校园“规范文化”建设活动，评选规范标兵、道德标兵；开展校园“微笑文化”建设活动，评选“形象中学生”；开展校园“情感文化”建设活动，评选校园“爱心大使”“和谐校园标兵”“师德标兵”；开展校园“励志文化”建设活动，评选“自主标兵、自律标兵、自强标兵”；开展校园“价值观文化”建设活动，帮助学生树立正确的审美观、是非观、价值观；开展校园“希望文化”建设活动，对学生实施信念教育。

三是开展社会教材进校园活动。主要有感动人物、感动故事进校园，社会风尚、生活百科进校园，典型案例、警示启发进校园，时政新闻、国家大事进校园，名人名言、名人故事进校园。

四是采取自主管理责任制。建立合作互助组，小组人人做组长，有责任，如作业组长、卫生组长、公物组长、文明组长；设置班级“特别班干”，如校长联络员、矛盾调解员、文明监督员，使班级事事有人管，处处有人问，避免了管理盲区。

五是创建个性化社团。建立的学生特色社团有：红石榴剧社、语韵诵读团、百灵合唱团、海燕体操团、中华故事团、科技模型团、奇变魔术团等。

据2010年10月在山东省素质教育论坛（青岛）上的发言整理

德育生活化　多彩大课堂

枣庄十五中开展德育生活化教育，进行多彩大课堂德育课程开发，积累了一些有益的实践经验，形成了诸多典型案例。

一、“德育作业”融入学生日常生活

在十五中每个班级门前都有一面小黑板，七年级五班黑板上清晰地写着新闻摘要、歌声飞扬、跑操驿站、每日格言、经典诵读、胸怀祖国、人物故事、百科必读、历史记忆、班级日志、才华展示、班级备忘等项目，这就是学生们的生活知识窗。多年来，十五中学生每日完成“听一条新闻”“读一句名言警句”“读写一篇短文或日记”“掌握一条科普知识”“自省五分钟”“向身边的人互致问候和微笑”“听、唱一首歌”等任务，把这些事情日常化、习惯化。

学校为学生印制《德育生活化作业》手册，编写“品格塑造必会知识”。这些内容有学生每学期、每学年必背的诗词名篇，必唱的经典歌曲，必会讲的美德故事，必记住的古今人物，必了解的历史大事，必熟知的格言名句，必了解的科学常识等。对这些知识的掌握情况，学校会定期举行诗词朗诵会、中华美德故事演讲会、科普知识大讲堂等活动，让学生在成长道路上潜移默化地受到熏陶、接受教育、锻造品格、奠基人生。

《十五中校园之歌》《我的家乡——枣庄》《中国故事选》《名篇选读》《中华书韵》等，是十五中开发编印的学生德育教育校本教材，伴随学生三年的初中生活。

二、英模典范灿烂了学生记忆

已经回到母校任教的刘老师，保留着一本旧的笔记本，笔记本的扉页上有作家高玉宝的签名。在他的记忆中，高玉宝爷爷来十五中的那一年他才十五岁，《半夜鸡叫》的故事就是那个时候知道的。他清晰地记得，高玉宝爷爷给他们讲个人成长经历，教育他们怎样热爱国家、热爱生活……

雷锋生前战友乔安山也是好几年前就来过十五中，他给十五中学校题下的一句“学雷锋就是学做好人”，让十五中作为校魂之一刻在学校墙壁多处，时刻告诫着十五中的一届又一届学生：学雷锋，做好人。

见义勇为英雄徐洪刚、山东省道德模范人物夏士龙、感动中国矿工模范人物许双功、雷锋班第四任班长曲建文……他们都到过十五中，和学生面对面，和师生共交流。他们的个人事迹和所讲的故事，在十五中传了很多年，教育着学生，感动着老师。

这是学校开展的“社会教材进校园，激励教育伴成长”德育做法。让感动人物、感人故事进校园；名人名言、名人故事进校园；德育讲堂、辅导员进校园；生活故事、社会风尚进校园；典型案例、警示启发进校园。把具有社会影响的人物、故事、警示案例等，作为教材引进学校，给学生以影响、以教育、以警示，让他们记忆深远，受益终生。

三、“德育大课堂”异彩纷呈

十五中“少年学院”目前有一千多名学生，如“少年文学院”“少年经济学院”“少年军事学院”“少年科学院”等。这些学院的“小院士”开设“自主讲堂”，每逢周五第七节课开讲，有中华故事会、诗歌诵读会、百科知识讲座、辩论会……几年来，少年学院活动记录表上写下了300多个专题，参加“小院士”9000多人次。

除了学院活动外，学校还在逢单周周四下午以班级为单位开设“学生自主百科讲堂”，学生讲课内容涉及30多个学科，500多个专题。如“世界著名狙击枪”“中国四大美女评议”“两宋兴衰史”等。

逢双周周四下午，“家长教师”进课堂的时间到了。“家长教师”带着自己精心准备的教案走进课堂与学生面对面，从生活常识，到青少年心理健康与预防犯罪教育内容，还有科技知识的传播等，无不渗透着家长们的热情。学生们听得兴趣盎然，激动万分，课堂处处洋溢着精彩，精彩把课堂无限延长。

还有鲁南柳琴戏传承人走进十五中学生课堂；《小小飞虎队》和《铁道游击队》的制片人走进十五中学生课堂；东方红一号卫星总体设计组副组长潘厚任、地震和救援专家徐德诗也被请来走进了十五中学生课堂。让名家名人与学生面对面，感受大家风范，接受大家教育，这是学校开展的每月一次的“名家进课堂”盛况。

具有特长的教师和学科专业研究深厚的教师给学生开设特长课或学科知识拓展课程。如，“中华印课堂”“孔子课堂”等，也给学生实践课增色不少，这是学校开展的“名师特色课堂”。

四、“争星、创旗”成为学生风尚

开展“争星、创旗”活动，让激励与成长做伴。走进枣庄十五中的每所教室，在后黑板的两侧赫然悬挂：“星光灿烂、旗帜飘扬”两个张贴栏。这是十五中施行的“争星、创旗”激励评价机制。

在德育生活化教育中，学校注重学生的生活细节教育，把他们生活中的点点滴滴都作为品格塑造来要求，凡有进步、有闪光点、有突出表现，随时都会被评为某一方面的“品格之星”，像“和谐校园之星、文明礼仪标兵、学雷锋标兵、活动实践能手、班级贡献星、自立自强星、勤俭节约星、拾金不昧星”等。这种评价是多元的，是面向全体学生的，人人都要参与，人人都有机会“争星”，“争星”活动成为校园时尚，成为学生成长动力。

以班级为单位，开展“红旗激励”活动，在十五中已形成一种竞争机制。全校50多个班级，每月评比各项先进班级，颁发流动红旗：卫生先进班、纪律模范班、两操示范班、文化创新班、生活教育优秀班、自行车管理规范班、活动实践特色班等。“创旗”活动的开展，树立了班级昂扬向上的正气，培养了学生团队协作意识，增强了学生集体主义观念。

五、家长委员会增强了生活德育活力

3月5日，学校家委会委员、枣庄电视台节目主持人和各班家委会主任早早来到学校操场。主持人和她的女儿一起主持今天的升国旗仪式。妈妈和女儿关于雷锋精神的演讲和领唱的歌曲让全校师生动情。仪式结束后，她说：“作为家长能和孩子一起参加这样的活动，对家长是一次触动，让我真切感受到孩子们在国旗升起的那一刻他们对国旗的敬畏；对孩子来说这也可能是一生铭心的记忆，和妈妈一起主持了升国旗仪式，她永远都会懂得‘祖国母亲’的含义。”

跟这位主持人一样参加十五中“家长亲子教育”活动的家长还有很多很多，他们的参与，使学校教育和家庭教育同心、合力，为学生、家长、教师共同成长发展创造了良好环境，实现了班主任、家长、学科老师组成的班级管理团队机制。为使这种管理机制常态化、规范化，学校和学校家委会联手，制定“八个一”班级家委会工作目标。即：1.每月组织召开一次家教论坛；2.每月开展一次亲子共学活动；3.每月参加一次学生主题班会；4.每周参加一次听课活动；5.每月观摩、评比学生大课间活动；6.每月组织开展班级优秀作业展评活动；7.每学期组织一次校外实践活动；8.做一周校园“书香长廊义工”。

不断地探索，长期地积累，以“德育生活化”为主线，开展丰富多彩的德育大课堂，便形成了十五中的德育教育特色；学校的这些教育积淀，都是鲜活而生动的教育教材，传承着十五中的文化内涵，使学校底蕴深厚，靓丽纷现。

据2010年11月在全国良好习惯养成教育现场会上的专题报告整理

以校长专业化发展引领学校优质发展

人民教育家陶行知曾说“校长是一个学校的灵魂”，大家也常说“一个好校长就是一所好学校”，这些观点都表明了校长在学校发展中的决定性作用。实践证明，校长所具备的素质结构内容及水平高低，尤其是校长的领导力，不仅影响着自身的社会地位与声誉，更深刻地影响着一所学校师生的精神风貌，进而影响到一所学校的办学质量与效益。要真正发挥出校长的决定性作用，就必须保持校长自身的专业化发展，努力提高校长自身的素质修养和领导能力，以敏锐而长远的眼光、进取而博大的胸怀看待教育、践行教育。

一、校长要具有与时代精神相通的教育理念，具有很强的思想领导力和规划力

苏霍姆林斯基认为“校长对学校的领导，首先是教育思想的领导”，教育思想是办学的灵魂。所谓校长思想是指在一定社会文化的影响下，校长对办学方向、指导思想、办学原则、办学目标和办学途径等的系统认识，它是在校长办学实践中所形成的思想体系。一所学校的成长和发展离不开校长思想的引领。学校的发展需要有可持续发展的教育理念作为支撑和引领，这就要求校长在办学实践中根据教育形势不断完善自己的教育理念，把准学校发展的目标定位，用先进的理念去经营学校。

（一）高中多年积淀，形成办学理念

对照自身，做校长13年，我是先做高中校长，而后才担任的初中校长。在高中，我先后在滕州五中、滕州二中新校担任校长。这期间，我一直坚持以校长的先进思想引领学校发展，在滕州五中实施了精细化管理战略，经过几年的不懈努力，使一所名不见经传的学校一跃成为全市名校，在2002年10月枣庄市教育督导室对部分高中学校督导中，获总分第一名，督导室和教育局为此提出了"远学衡水，近学滕五"的口号。随后我又临危受命，接手一所濒临倒闭的股份制学校——滕州二中新校。在这里，我经过调查研究摸准脉搏，形成了独特的治校思想，即以"双全育人责任制"为载体，在全校师生中开展成功教育、信心教育与励志教育，使学校工作在很短时间内走上正轨，后来取得一系列成绩。学校从2005年到2009年连续四年获滕州市督导评比高中组第一名，并先后承办枣庄市环境育人现场会、山东省励志教育现场会、全国人文素质教育研讨会、枣庄市高中教学效能现场会。我也有幸被评为国家级名校长。结合两个学校的校长经历，业内有人对我这样评价：办好了一所学校，救活了一所学校。而我认为这正是先进的教学思想在起作用。我对"先进"的理解是体现科学性，同时又切合学校的实际。也就是说，在这两所学校，我都是根据实际情况确定的办学思想，因此是适合的，也是先进的。

同时，我对校长如何具备执行力，也有了深刻的认识，在此愿与各位交流。

一要保持可塑性。也就是既要头脑开放，又要为人谦虚，不断地给自己充电。正如一位物理学家所说："拥有开放的头脑是一个人自我发现和成长的第一步。我们只有认识到自己还没能做到无所不知的时候，才能学到新东西。"

二要具有牺牲精神。要做一个成功的校长就必须学会舍弃，舍弃那些习以为常但又限制发展的思维模式，舍弃那些"安全"但事倍功半的事情，舍弃那些毫无意义的人际关系。

三要处变不惊。改革就有可能失败，发展就会遇到重重困难，在这种情况下，一位明智的校长就应该始终保持诚实、可靠、勇敢的态度，表现

出不解决问题不罢休的毅力，如此，才能带领整个团队前进。

四要善于倾听。要善于向那些先于自己取得成功的人士倾听、学习，借用他们的经验，避免他们犯过的错误；还要善于倾听老师们的批评。

五要学以致用。也就是要把学到的经验教训及时应用到实际当中去，如此才能不断成熟，不断充实，最终成为一位具有远见卓识的校长。

（二）推行“条块式”模式，实施精细化管理

2009年8月，我调到枣庄十五中。这是唯一一所市教育局直属的初中学校，不久前在这里召开了全市素质教育现场会，来到这所学校，我深感来自内外的压力，十五中办学本来很优秀，如何百尺竿头，更进一步？于是我在调查总结的基础上，很快形成了一条思路，即从解决突出问题入手深入进行精细化管理。十五中是一所大校，随着形势的发展也逐渐暴露出一系列问题，其中最突出的就是平行班级过多、班额过大而造成的学生受关注程度下降的难题。可以说这也是城区学校，尤其是办出一定名气的学校所共同面临的难题。针对这一状况，我首先想到的是化大为小、分片承包。在学校管理层面推行“条块式”管理新思想。传统的管理主要是线条式、扁平式管理模式，也就是校长室管理各科室，各科室再分管全体学生的某个方面。这种管理的弊端是单打独斗、缺少协作，难达“合力”之功。而“条块式”管理，除继续保持这种科室功能外，另外实施“切块、打包、拎走”的新策略，也就是将庞大的年级，整合分切成若干学部，再把学校干部分配到各学部，使其成为这个学部的“总管”，全权负责该学部的教学、管理等工作，同时又与相应科室密切配合。这样，各学部相当于一个小学校，如此就真正实现了化大为小，更加明确了干部的工作责任。目前，我们学校三个年级已有八个学部。各学部间相互独立又密切配合，运转十分有效。

（三）化大为小，落实全员导师制

在班级管理层面上，我又针对班级人数多、学生受关注程度低的现实，实行了全员导师制，也就是全体员工齐上阵的横向导师责任制。学校要求

各班级首先调查需要受导的学生及辅导的主要内容；受导学生名单由各班班主任提供并填写学生基本情况登记表。特别是问题生、学困生、家庭特殊的学生等，注意搭配。然后按照师生双向选择的原则，以年级为单位，采取个人自愿、级部推荐和班主任安排相结合的办法，确定导师结对人选。学校干部分别承包6—8名学生，学校职工分别承包3—5名学生，学科教师要承包所带班级2—3个小组，最后由学校审定后，报教务处备案。学校明确要求，导师每周要与学生谈话2—3次，每月要与家长通话一次。为促进这一制度的落实，学校采取写受导学生姓名、询问受导学生情况、查看谈话记录等形式不定期进行抽查、反馈。这一制度的实施，不仅拉近了师生距离，进一步密切了师生关系，更主要的是实现了“大班额中的小班制”，从而破解了城区学校“大班额”的难题。

可以说，全员导师制是从关注均衡发展和保护学生个性发展的角度，实施的“主体化”成长和“人性化”管理策略。面对每一个有个性的学生，我们的教育思想非常明确，就是让学生都得到发展；我们的教育观更加全面，不仅关注学生的升学需求，也关注学生未来的就业谋生与终身发展需求；我们的教育措施也很明了，就是因材施教。这一举措，适应了新时期学校教育发展需要，真正为学生的全面发展和终身发展奠定扎实的基础。

二、校长要做教学的首席研究者，练就超强的决策力和执行力

大家清楚，教学是学校的中心工作。因此，校长除了以战略眼光来规划学校发展，提升自己的战略管理能力外，还必须深入课堂，深入教师之间，重抓教学。我认为，一个优秀的校长，应该是一个热爱教学的校长，应该是一个懂教学的校长，应该是一个认真研究教学的校长，应该是一个善于领导教学的校长。应该说，这是当今校长专业化发展的首要条件。为此，在多年的校长工作中，我始终坚持校长带头兼课、做班主任，以便及时了解师生情况，制定针对性的措施。来到十五中，我的目光仍是紧盯教学，紧盯教师的专业发展。我们要求校长及其他干部每周都要随堂听课，并作出量的规定。在每周一的办公会上，我除了公布每位干部的听课节次

外，还要对自己所听的每一节课进行点评。这一做法，不仅使干部们拉近了与教师的距离，更重要的是及时了解了教情和学情，把准了教学的脉搏，为制定针对性的措施奠定了基础。几年来，我每学期听课都超过100节，全体干部听课节次多达1200余节。与此同时，我还带头深入教研组参与教研活动，一方面听取教师们教研讨论，了解他们的教研思想，另一方面从教学改革、课程发展的高度进行引领。

（一）搭建平台，拓宽教师专业发展之路

教师水平决定着教育教学质量的高低。一所优质创新的学校必须建设一支思想素质高、业务能力强的优秀教师队伍。为此，学校组织开展多种活动，积极开展校本培训，促进教师的专业化发展。

我们主要引入“行动研究”理念，提高常态下教研的实效。一是健全组织形式、搭建研训平台。学校设立校本研训中心，明确教导处和教科室的职能，成立学校的中心教研组，吸收各学科骨干教师参加，发挥他们的辐射带动作用。二是重视教研过程。学校树立“教学即研究”的思想，把教研过程与平时的常规教学工作紧密结合，坚持在教学中研究，在研究中教学，做到教师全员参与，干部全程参与并实行全过程指导，把随堂听课、听后评课与教案检查结合起来。三是定期开展专业引领活动。学校聘请教育专家和专职教研员定期来校对教师进行教育理论和教学工作指导，学校还定期组织教师外出参观学习活动。四是组织小课题研究。学校倡导“工作课题化，课题工作化”，要求教师用研究的眼光看待自己的教育教学实践，使每位教师都能利用教育科研来解决实际问题，做到“人人有课题，课课是研究”。

学校组建名师工作室，引领教师专业成长，名师工作室的建立，改变了常态下教研教师被动参与、积极性不高、耗时低效的弊端，教师自发组织，积极主动参与，效果明显，是一种新型的教师成长方式。名师工作室的活动人员、活动时间相对固定，重点学习和研究教育名家的专著和成功案例，进行课堂教学探究、教学模式建构等，既体现了每个人的个性，又体现了集体的智慧，进而形成了工作室的共同成果。

重视青年教师培养，保持学校可持续发展。针对一线教师中青年教师偏多的现状，大力实施“青蓝工程”，加大对青年教师的培养，让青年教师在研讨中成长、在合作中成长、在展示中成长。强化对教师的职业道德教育，消除教师的职业倦怠，引领教师在工作中铸就幸福人生。

通过几年来的引导和实施，我校教师队伍建设得到加强，一批名师、骨干教师、教学能手涌现，青年教师成长进步很快，两三年下来，都能独当一面，担当重任。教师自身专业素质的发展，促进了教育教学质量的提高，从而为学校创新发展提供了坚实的基础和有力的保障。

（二）改革课堂，深化“五环节”学习模式

十五中多年前就推行了“五环节”自主学习型教学模式，这一教学模式包括“预习展示—定标自学—合作探究—巩固训练—测试评价”五大环节，这个模式有很多优点，能促进教学方法和学习方法的转变。但由于种种原因一直以来并没有真正全面推开，也没有深入到位，因此也没有从根本上带来课堂的变化，尤其是成绩暂时落后的学生集中在后三排的现象依然存在。针对这一问题，我在原有课改的基础上继续深化关注学生自主学习、关注学生健康成长、关注学生均衡发展，突出最核心的“合作探究”环节。本着“着眼互补，异质互助”的原则，确定合作小组。要求班级内每六人或八人为一个组，原则上按成绩优秀生、成绩中等生、成绩暂时落后生三个层次进行编排。每人固定一个编号并将分组名单上报教务处备案。小组成员各司其职，各负其责，有分工有合作。学校根据《小组管理规则》，实施成员职责轮换制、动态管理制、学习规范制、“一帮一落实”制、小组评价机制等，明确小组交流程序和评价方式。小组内实行捆绑式“整体移动”调位法，给学生平等调位的机会，同时强化小组的团队合作意识，提高小组的凝聚力，从而成功破解了存在多年的教室“后三排”难题。可以说，“五环节”教学模式除了发挥学科育人和过程育人的价值功能，培养了全体学生团结友爱、积极进取、健康自信的品德外，还实现了教学质量的新跨越，学生毕业合格率和优秀率连年攀升。

（三）发挥教师专长，积极开发校本课程

我深知新课程的实施给我们每一位校长提供了自我发展的平台，我也深知校长的课程领导力对课程管理做出合理决策的重要性。因此，在多年的实践中，我一直遵循课程原则和国家要求，坚信“每门学科都育人”的宗旨，全部开齐开足规定内的所有课程，促进了学生的全面发展。在严格执行国家课程、地方课程，深入树立教师课程意识的基础上，我们又充分发挥全市窗口学校得天独厚的资源优势，积极发挥各学科组的群体优势和共同智慧，延伸、拓展国家课程，通过校本课程建设，扩大学生的学习空间，丰富学生的学习内容，提高其学习兴趣和效率，实现最终的教育目标。对于校本教材的编写，我们要求严格遵循“五性”“两化”原则，即趣味性、活泼性、启发性、实践性、开放性和专题化、生活化。目前，初中学段开设的语文、数学、英语、物理、化学、思品、历史、地理、生物学、音乐、美术、体育、微机等学科都开发出颇具特色的校本教材。其中语文、数学、英语三科又开发出系列。这样，在校本课程的开发上，就形成了“十三大门类三大系列”的校本教材资源体系，共计五十余本。而这些校本教材，也真正走近学生，成为他们喜爱的读物，给他们精神启迪，为他们拓宽了兴趣领域，搭建起个性张扬的平台。语文学科的《诗意的珍馐》《漫画漫话》带给学生的是珍爱生活、品味生活的态度；数学学科的《你能想到吗》引导学生进入奇妙的科学世界；英语学科的《e趣拾集》，思品学科的《聆听青春的声音》，物理学科的《绚丽的彩虹》，信息技术学科的《信海扁舟》……都为不同层次不同类型的学生提供了自主发展的空间。校本课程的开发，拓展了教育资源，拓宽了学生视野，训练了学生思维，激发了每个学生的学习热情。

（四）优化课程资源，实施课程整合

在大力开发校本课程的基础上，我们学校创造性地积极实施课程方案，加大课程整合力度，以减少课程内容的重叠与分化，彰显知识、技能与生活世界的联系及其价值。在这方面，除了实施信息技术与各学科的整合、实施本学科课程内的整合外，主要实施的是多学科课程整合，即围绕一个共同的主题将多个相关学科整合在一个正式的单元或学程里。学科不再是组织中心，它们被融入单元或主题之中。如我们目前已经实施的体育课程与健康教育的整合，促进学生的全面发展；七八年级数学、英语课程与活动课程的整合，激发起学生的学习兴趣，促进学生智力的发展和学习效率的提高；将思品课程融入班会课程之中，设计活动让学生体验，从而更好地实现教育功能；将化学课程与活动课整合，将综合实践课程与校本课程整合，或与其他课程整合等。

三、校长要以丰富的学校文化涵养自身及师生的精神气质，打造自身及师生的学习力和经营力

学校不是企业，也不是一般的行政机构。学校是孩子们寻求知识的殿堂，是广大师生的精神家园，是公众心目中的象牙塔。校园里最美的气息是书香，最美的旋律是读书声，最醉人的氛围是那种浓浓的文化氛围……这就要求我们的校长是一位博览群书有着深厚的文化积淀、术业有专攻有着很深的专业造诣、心存悲悯有着宽厚的人文情怀、温文尔雅有着谦谦君子风范的师生精神上的领航人。

（一）积极打造“校长文化”

我们首先确定了所要努力打造的“校长文化”。在行动上，由校长带头，在干部和教师中开展读书活动，以书籍来丰厚自己的文化底蕴，陶冶自己的道德情操，提升自己的职业操守，开拓自己的创新思维，打造自己的人格魅力。同时，校长还带头建博客、做总结、写反思，将读写结合起来。目前，我除有多篇论文在报刊发表外，还出版了《理论与实践》《习惯与人生》两本专著，另有几位副校长也先后出版了多部著作。

同时，我认为作为学校发展的引领者，校长还应该具备一种文化的自觉，自觉进行文化建设的实践探索，努力建设高品位的学校文化，把学校建设成一个浸润心灵的“磁场”。这就是苏霍姆林斯基曾说的：“学校必须是一个‘精神王国’，而只有当学校出现了一个精神的王国的时候，学校

才能称其为学校。”这“精神的王国”就是学校的“魂”，也就是学校文化。任何一所学校都有自身的文化，它不仅是一所学校历史的积淀，更是现实发展的主题。在努力打造校长文化的同时，我们学校更致力于环境文化和行为文化的建设，对教师和学生的发展都起到了积极而深远的影响。

（二）着力打造“环境文化”

在环境文化建设上，我们一方面着力于软环境的建设，把学生的教育目标定位在“做豪迈的中国人”上，以正确、适宜的办学理念和良好、向上的校风为全体教师的共同愿景，努力营造和谐校园。一方面着力于硬件文化建设，彰显育人氛围。目前我们在学校的每面墙壁上都设计布置了相对集中的知识图板。办公楼有古代先贤训语，有中外教育名人名言；教学楼有军事科技、中外节日、地方特色、民族风情、古今名人等展示；在连廊上还设有书香长廊和“星光大道”，让学生在阅读工程中感受来自书香的滋润，在星光闪烁中感受各位科技“巨星”的力量。在综合楼的四面走廊，我们还设置了自然博物馆、学生创作陈列馆等，以此开阔学生的眼界，引起他们对学校的热爱，对学校的荣誉感。同时，我们还积极打造个性班级文化，一是在每个教室门口墙壁上设置特色班牌，内容包含班级誓言，代课老师、家长指导员姓名和班级序号等；二是鼓励班主任根据班级情况和个人特长创设个性环境和开展特色活动。

（三）全面打造“行为文化”

在行为文化建设上，我们从人性出发，从关注师生的生命状态出发，从理念、思想方面入手，通过一系列活动来提升师生的精神状态、文明举止、行为习惯等。在教师中开展“正师德、树形象”活动，强化无声教育，榜样作用。在学生中，开展礼仪操比赛，开展主题班会，开展课间三项活动（诗文诵读、齐唱歌曲、集体静思）等，使其在环境熏陶和精神感染下，自觉规范自己的行为。在此基础上，使行为教育深入到学生的家庭生活和社会活动之中。如此，就成功破解了德育教育与生活脱节的难题，实现了学生的自主管理。

校长是学校文化建设的经营者，其思想观念、文化素养和专业素质更是校园文化创新和文化发展的关键所在。而学校文化又重在丰厚的底蕴，重在对人心灵的引领和行为的激励。也就是说，在教育实践过程中，让学校文化内化为师生的精神支柱，外化为师生的自觉行为，成为引领师生成长的核心力量。我们正是这样认识的，也正是这样实施的。

四、校长要善于把家庭和社会的教育功能纳入学校教育范畴之中，提升自身在全盘管理中的协调力和权变力

学校教育是学生教育的重要方面，但并不是教育的全部。它还涉及家庭教育和社会教育。而最理想的教育形式是三者紧密结合，共同发挥作用的教育。在这方面，我从做教师、担任班主任起，就坚持这种观点，任校长后，更是非常注重落实这种大教育观，有意识地把后者作为学校教育的一部分。我认为，只有这样，学校教育才是完整的。

（一）家长教师进课堂，让学生大开眼界

我们大胆创新，创建家长教师制度，聘请家长教师进课堂，来负责综合实践活动课程的执教和开发任务。首先在充分调查的基础上，聘请各班级有一定专业技术特长和丰富人生阅历的家长到孩子所在的班级上综合实践课，每周四全校统一安排，让他们把不同领域的知识和技能带进课堂；同时，我们还开设了泥塑、戏曲、剪纸、航模等十余种拓展课堂，聘请社会专长人员授课，而学生则实行“走学制”。经过了近两年的探索，这些做法成功破解了综合实践课程的教师资源“不专而又稀少”的难题，把综合实践课落实到了实处，给学生带来了鲜活的课堂，让他们拓宽了知识，享受了教育。特别是家长进课堂，课程知识新，秩序好，每次都是新面孔，学问也不一样，使学生眼界得以开阔。2010年11月，时任山东省教育厅副厅长张志勇带着新华社、《光明日报》等几家中央媒体走进了我们校园。他们看到的是焕发生命活力的课堂，看到的是一个个给同学们展示消防器材、

医疗器具、花卉制作专门技艺的课堂，看到的是讲述励志故事、法律知识、人文地理、天文军事、医疗保健、理财和制作专业知识的课堂。面对这种特殊的、令人耳目一新的课堂，张志勇当时就给予高度评价，他给媒体记者和分管教育的领导说："这是一种落实素质教育的新途径，是综合实践活动课程的新尝试，这样的课程'让学生大开眼界'"。

三年多来，我们学校的"家长教师"进课堂可谓节节精彩，掌声不断。累积下来，"家长教师"精彩教案已经有400多个。为让精彩的课堂案例形成成果，能够更好地延续精彩和更广泛地应用到其他学生的教育上，我们又积极发挥"家长教师"优势，在原有基础上开发出贴近学生、促进学生成长的独具特色的校本教材。目前我们学校"家长教师"共开发出励志教育（理想信念），法治教育（公检法、司法、安全），文学艺术、科技教育，医疗保健、心理健康、医药卫生，历史大观、人文自然，军事天地，饮食起居、生活常识，金融理财，手工制作，社会百态（其他）等十大类家长校本教材，大大丰富了我们学校的课程资源，充分发挥家长在学校教育中的作用。

（二）家委会参与管理，让学校充满活力

我们学校开展多种形式的社区共建活动，建立"社区教育委员会"，实行社区全体成员"单位助教制"和建立校外教育基地，除保证每个学生、每个学期参加一次基地实践活动外，又适应新形势的变化，根据学生具体情况，筹建了班级、学部和学校三级家委会。家委会的成立采取公开竞聘的形式。通过班级家长会议，选出班级家委会。一般选出主任委员1名，副主任委员2名，委员7名。通过年级家长代表会议，选出年级家委会。班级家委会主任委员和学校特聘的部分委员当选为年级家委会常务委员。通过常务委员会议（学校家校联络办主持，全体成员参加会议）选出年级主任委员1名，副主任委员3名。然后，召开年级家委会代表大会（各班级家委会委员参加），通过家委会选举、颁发聘书、宣读章程和工作计划等程序。年级家委会主任、副主任当选学校家委会常委，学校家委会参照年级家委会程序产生。为了保证

家长委员会工作的针对性和有效性，增强家长委员的责任感，结合我们学校工作实际，我们在家长委员会设置了若干下属机构：家长教师部、学生成长导师部、年级工作督察部、家长助学爱心部、家校联络办公室、家委会值班室等，把家委会工作纳入学校日常管理工作，让家委会成员参与学校管理。其参与的形式不拘一格，我们目前实施的主要有：

1.参与学校安全管理。家长委员参与大门口值班和校内巡查，增强了学生的安全感，提高了学生的安全意识。

2.参与听课、教研活动。随同学校干部听课，参加教研活动，了解学生学习、了解课堂教学，提高家教能力，促进教师业务提高。

3.参加学生活动。参加升旗仪式、班会活动、大课间活动、运动会、书画展等各种活动，使家长理解学生、融入学生。

4.帮助检查、监督管理。参与作业检查、课间操检查、卫生检查、文化建设检查、行为规范检查等，增强了学校管理能力。

5.参加干部例会、教工例会，全面了解学校工作，支持学校工作。

6.接待家长来访。接听家长电话，帮助家长解决困难和困惑，化解矛盾。

7.做成长导师。和问题学生谈话、谈心沟通，帮助困难学生。

我们还开展了班级家委会学期“七个一”活动，并由各年级制定量化考核方案，将家委会学期“七个一”活动情况纳入班集体建设考核目标。学期初各班级家委会制订工作计划，明确“七个一”班级工作目标。一是组织召开一次家教论坛或家教沙龙活动，提升家教能力。二是开展一次亲子共学活动，如学生、家长同听一节课，共读一本书，同唱一首歌。三是组织家长参加学生一次班会，如孝敬教育、理解教育、安全教育、学习方法教育等方面的内容。四是请“家长教师”、班级常委每人给学生上一次“家长教师拓展课堂”，丰富学生生活知识和提升学生实践能力。五是组织家长观摩一次学生大课间活动，并组织家长参加学生合唱节、诗歌节、科技节、体育节活动。六是组织开展班级优秀作业展评活动，书法评比活动，培养学生书写规范、作业认真的习惯。七是组织一次实践活动，可以是基地实践、人文考察、环保调查、人物访谈、春游踏青等。

目前我们学校家长委员会真正实现了对学校管理的“知情权、评议权、监督权、参与权”，已经成为学校管理和课程资源的有机组成部分，成为现代学校发展、和谐校园建设的有生力量。它彻底打通了学校教育与家庭教育、社会教育的沟通渠道，成功破解了“7-2=0”甚至是“7-2＜0”的难题。

五、校长要格致高远，精心打造教育品牌，凸显自身及学校的创造力

学校品牌是一所学校办学水平和办学特色的集中体现，是发展品位和发展潜能的主要依存。一所品牌学校一定是质量高、有内涵的学校，而真正称得上品牌的教育必然是优质高效和谐的教育。然而学校教育品牌，并非一蹴而就，它需要全校师生做长期的积累，尤其需要校长具有战略家的远见卓识，具有创新意识和创新能力，具有改革家的胆魄和勇气。事实证明，一个功利心强、视野狭窄的校长，只能整天围着分数转，围着升学率转，永远难以开辟出崭新的天地。可见校长素质对学校品牌建设十分重要，校长素质提高与学校品牌建设是相互促进、共同发展的，两者密不可分。为此，我们不断学习，不断反思，努力提高自身的品位，不断创新。在此基础上，2010年我们又聘请省教科所专家组到我们学校，深入课堂、蹲组调研、座谈研讨等，帮助我们提升理论、提炼精髓，总结出涵盖我们学校办学思想和教育教学实际的品牌工程——“五环节”全程育人模式。

“五环节”全程育人模式是在“五环节”课堂教学模式基础上提升而来的全方位体现素质教育精神的一大特色育人工程。它是一种新型的将课堂教学与学科育人，学校管理与学生自主管理，学校教育与社会教育、家庭教育紧密融合的一种新型教育模式。它充分体现现代教育理念、顺应国际教育改革趋势，把学校工作作为一个整体来谋划部署，坚持以人为本，让教育教学的所有相关资源都成为育人的重要因素，全过程、全方位地培养理想远大、道德高尚、个性鲜明、创造力强的一代新人。“五环节”即课堂教学、学校管理、学生自主管理、家庭教育、社区教育。五个环节是一个整体，缺一不可；五个环节互相联系，又相对独立；五个环节不分先后，

共同育人。

由“五环节”课堂教学模式到“五环节”全程育人模式是一次质的飞跃，是一次教育理念和教育品位的大提升。在2011年10月中旬举办的山东素质教育论坛上，时任省教科所亓殿强所长，对我校的办学历程进行了高度评价。他说：近两年，枣庄十五中在实施课程改革、开展教育创新、深化素质教育等方面作出了很多有益的探索，逐步形成了具有校本特色的办学模式。尤其是学校自主设计的“五环节”全程育人模式，提升了学校教育理念，体现了学校教育的主动性、针对性、开放性、实效性，从激活学校管理、抓实课堂教育、创新学生自我管理、强化家庭教育、拓展社会教育五个方面成功破解了“城区学校班额大”“后三排现象”“学校教育和家庭教育脱节”等普遍面临的教育难题。十五中的经验做法具有推广意义。

总之，校长专业化发展是时代所趋，也是社会所需。只有校长具有了世界眼光、创新思维、领导能力，才能引领教师专业化发展，也才能引领学校向优质发展。经过几年的共同努力，我们学校不仅连年坐稳全市初中的龙头位置，而且品牌响亮，成为全省名校。

据2011年12月在山东省校长专业发展现场会上的发言整理

“五环节”全程育人的实践与思考

教育的根本目的在于启智育德，在于培养学生独立的人格和独立的思想，使受教育者得以充实、幸福地生活。然而，综观我们当今的教育结果，很多现象令人担忧：高分低能、缺乏诚信、不知感恩、心理脆弱、人格缺陷等。何以造成现实世界与教育理想的背离？这除了社会大气候的影响和教育体制的积弊外，主要原因恐怕就是我们教育方式方法的死板、施教主体的单一。纵观我国教育的发展历史，其教育形式往往是机械死板的说教式，这种方式以施教者为中心，重在灌输，忽视受教者的自身体验和感受。同时，我国现代教育以及整个社会也往往将教育的全部放在学校，将施教主体局限在教师范围内，造成施教主体的单一窄狭。整体来看，我们过去的教育存在着线条式、单向性的不足，这种不足最终导致教育结果的不理想。为改变这种局面，我们认为需要从根本上做起，充分发挥多种教育资源优势，真正变线条式、单向性的教育方式为网络状、多向性的教育方式，使受教育者不仅感受来自多个施教主体的综合力量，同时在多种形式中得到亲身体验，实现自我主体的自觉。为此，我们学校构建了颇具特色的“五环节”全程育人模式。

一、“五环节”全程育人模式的内涵

“五环节”全程育人模式是在我校“五环节”课堂教学模式的基础上，结合先进教育理念和学校实际提升、发展而来的将课堂教学与学科育人，学校管理与学生自主管理，学校教育与社会教育、家庭教育紧密融合的一种新型教育模式，是一种充分体现现代教育理念的教育模式，其实质就是让教育教学的所有相关资源都成为育人的重要因素，全过程、全方位地培养理想远大、道德高尚、个性鲜明、创造力强的一代新人。

“五环节”全程育人模式包括以下五个环节：课堂教学、学校管理、学生自主管理、家庭教育、社区教育。其中学校、家庭和社会几大环节都指向学生一方，表明各环节都是围绕学生这一受教主体而开展活动的，其最终目的在于激发学生的自主管理和主体自觉意识，实现学生的自觉行为。五个环节是一个整体，缺一不可；五个环节互相联系，又相对独立；五个环节不分先后，共同育人。在这之中，课堂教学既是传授知识的主渠道，也是育人的主阵地。“五环节”全程育人模式图示：

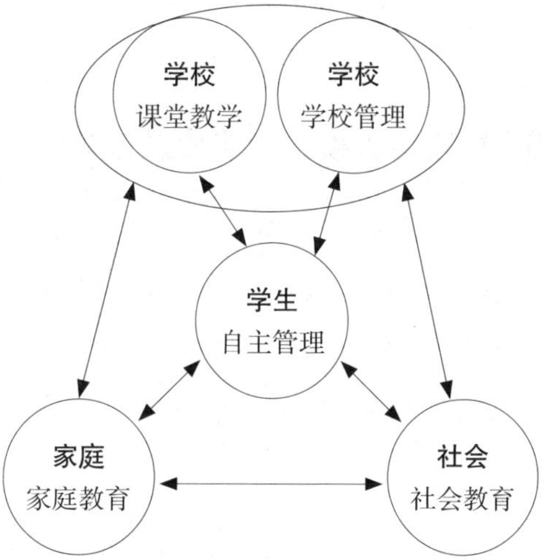

从图示中可以清晰看出，“五环节”全程育人模式，特别强调以下几点：以学生为中心；全员参与；全程实施；突出各环节特色。

二、“五环节”全程育人模式的整体实施目标

（一）调整人才培养模式

——以理想远大、道德高尚、个性鲜明、创造力强的一代新人为目标，打破学科中心，突出学生的个性和创造性发展，切实形成新的育人模式。

（二）坚持以课堂教学为中心

——深化实施“五环节”课堂教学模式，强化“三维目标”的达成，使课堂切实成为教书育人的主渠道。

（三）创新学校教书育人管理机制

——全面加强学校日常管理的育人功能，引导社区、家庭更好地发挥育人功能，形成育人的合力。

（四）破解学校普遍存在的智德分离、知情分离等教育难题

——全面发挥学科育人和过程育人的价值功能，为学生终身发展奠定基础。

三、“五环节”全程育人模式的实施及效果

（一）抓实课堂教学环节——破解了教室“后三排”难题

在各科教学中，我们学校实施的是“五环节”自主学习型课堂教学模式（预习展示—定标自学—合作探究—巩固训练—测试评价）。这一模式的核心是“合作探究”环节。其突出特点是：本着“着眼互补，异质互助”原则，确定合作小组。要求班级内每六人或八人为一个组，原则上按优秀生、中等生、后进生三个层次进行编排。每人固定一个编号并将分组名单上报教务处备案。小组成员各司其职，各负其责，有分工有合作。学校根据《小组管理规则》，实施成员职责轮换制、动态管理制、学习规范制、一帮一落实制、小组评价机制等要求，明确小组交流程序和评价方式。小组内实行捆绑

式“整体移动”调位法，给学生平等调位的机会，同时强化小组的团队合作意识，提高小组的凝聚力，从而成功避免了“后进生”集中后三排的现象。

在实践中，我们积极加强课程管理，始终遵循课程原则和国家要求，全部开齐开足规定内的所有课程，促进了学生的全面发展。在严格执行国家课程、地方课程的基础上，我们又充分发挥各学科组的群体优势和共同智慧，延伸、拓展国家课程，通过校本课程建设，扩大学生的学习空间，丰富学生的学习内容，提高其学习兴趣和效率，实现最终的教育目标。对于校本教材的编写，我们要求严格遵循“五性”“两化”原则，即趣味性、活泼性、启发性、实践性、开放性和专题化、生活化。目前，初中学段开设的所有学科都开发出颇具特色的校本教材。其中语文、数学、英语三科又开发出系列。这样，在校本课程的开发上，就形成了“十三大门类三大系列”的校本教材资源体系，共计50余本。而这些校本教材，也真正走近学生，拓展了教育资源，拓宽了学生视野，训练了学生思维，激发了每个学生的学习热情。

在认真抓好课堂环节落实的基础上，我们还积极实施课程方案，加大课程整合力度。在实施信息技术与各学科的整合、实施本学科课程内的整合基础上，主要实施的是多学科课程整合：即围绕一个共同的主题将多个相关学科整合在一个正式的单元或学程里。学科不再是组织中心，它们被融入单元或主题之中。如我们目前已经实施的体育课程与健康教育的整合，促进学生的全面发展；七八年级数学、英语课程与活动课程的整合，激发起学生的学习兴趣，促进学生智力的发展和学习效率的提高；将思品课程融入班会课程之中，设计活动让学生体验，从而更好地达到教育功能；将化学课程与活动课整合，将综合实践课程与校本课程整合，或与其他课程整合等。

“五环节”教学模式不仅发挥学科育人和过程育人的价值功能，培养了学生团结友爱、积极进取、健康自信的品格，还实现了教学质量的新跨越，学生毕业合格率和优秀率连年攀升。

（二）激活学校管理环节——破解了“城区学校大班额”难题

在学校管理中，继续实施“切块、打包、拎走”学校管理新策略，将科室与学部原有的单向“线条式”管理，转变为科室与学部紧密结合的“条块式”管理。同时细化学部管理，将大学部再次“切块”，实行校级干部、中层干部承包学部的管理方式，更加明确了责任。

实行全员导师制。实行全体员工齐上阵的横向导师责任制。首先调查需要受导的学生及辅导的主要内容：受导学生名单由各班班主任提供并填写学生基本情况登记表。特别是问题生、学困生、家庭特殊的学生等，注意搭配。然后按照师生双向选择的原则，以年级为单位，采取个人自愿、级部推荐和班主任安排相结合的办法，确定导师结对人选。学校干部分别承包6—8名学生，学校职工分别承包3—5名学生，学科教师要承包所带班级2—3个小组，最后由学校审定后，报教务处备案。导师每周要与学生谈话2—3次。如此，实现了“大班额中的小班制”，从而破解了城区学校“大班额”的难题。

（三）丰富学生自主管理环节——破解了“教育与生活脱节”难题

对学生实行德育生活化管理是我校多年来试验的德育课题，把德育教育融入学生日常生活之中，从身边的小事做起，以日常生活内容为德育教育素材，进行自我管理和自我教育，使学生品格塑造成为自觉行动。

在行为文化建设上，我们从人性出发，从关注师生的生命状态出发，从理念、思想方面入手，通过一系列活动来培育学生积极的精神状态、文明举止、良好行为习惯等。一是实施“学生品格自我塑造工程”。给学生布置每日德育生活作业，开展校园每日“诵读、静思、歌唱”三项活动，进行学生良好习惯养成每周自我测评。二是倡导高品质文化校园。开展校园“六项文化建设”，提升校园精神。三是采取自主管理责任制。建立合作互助小组，人人都当小组长，提高了学生的自治能力。四是创建个性化特色社团，让学生在“三团一社”中得到锻炼。

在学生中开展礼仪操比赛，开展主题班会等，使其在环境熏陶和精神感染下，自觉规范自己的行为。在此基础上，行为教育深入到学生的家庭生活和社会活动之中。如此，就成功破解了德育教育与生活脱节的难题，实现了学生的自主管理。

（四）强化家庭教育环节——破解了“实践课教师少而不专”难题

家庭教育是学生发展过程中不可缺少的重要一环，学校教育只有与家庭教育结合起来，才能最大限度地发挥作用。一方面，我校根据学校实际和学生特点，开办家长学校，由学校领导或聘请有关专家培训家长，建立学习型家庭制度，引导家长和孩子共同学习、共同成长。另一方面，创建“家长教师”制度，聘请有一定专业特长的家长担任综合实践活动课的教师，每周四让他们把不同领域的知识和技能带进课堂，拓宽学生的知识视野，破解了“实践课教师少而不专”的难题。同时，进行“家长教师”校本教材的开发，打破了校本教材的单一性，大大丰富了课程资源，充分发挥家长在学校教育的作用。

（五）拓展社会教育环节——破解了“7-2=0”难题

我们学校除了开展多种形式的社区共建活动，建立“社区教育委员会”，实行社区全体成员“单位助教制”和建立校外教育基地外，主要成立了“家长委员会”，并充分发挥其功能。

我们的做法是：成立“班级、年级、学校三级家委会”。通过家长会，推荐班级家委会委员，然后选举年级家委会，最后产生学校家委会。班级家委会成员分别担任活动实践指导、卫生健康指导等。年级家委会（学校家委会）设置了家长教师部、学生成长导师部等六部。学校家委会和年级家委会定期召开常委会议，安排并指导各班级家委会开展工作。学校为家委会提供专用办公室，并制定家校联络制度，负责配合、指导家委会工作。

为了真正实现家委会的“知情权、评议权、监督权、参与权”，聘请家长教育监督员，定期邀请家委会参加学校行政例会，通过座谈会、问卷调查等形式，广泛听取家委会意见。平时到校值班的家委会主任委员，更要参与到学校的日常教学管理中，查作业、查教案，走进教室听课，检查课间操，给班级文化打分，提出合理化建议和意见，促进学校健康发展和规范办学，维护学生和家长利益。

家长们如此全身心地投入，彻底改变了众多家长单纯依赖学校、依靠老师的意识，使学校、家庭、社会三方形成教育合力，共同担当教育重任，成功破解了学校教育与社会教育相互抵消的“7-2=0”难题。

四、“五环节”全程育人模式评估与改进机制

为保证“五环节”全程育人模式的顺利实施，我们建立学校发展委员会：由学校管理者、教师、学生、家长代表、社区代表及相关专家等构成；成立“五环节”全程育人领导小组及办公室。定期开展追踪评估。学校发展规划评估小组由学校人员代表、家长代表、社区代表和专家代表组成，采用自评与他评相结合的方式，定期、持续地评估本规划的实施情况，提供评估报告，提出相应的改进建议。为确保改进行动的跟进，学校基于评估报告为各部门、组织改进行动提供相应的配套资源，指导各部门、组织调整工作计划，并根据新的形势和规划的落实情况对本规划进行适当调整，以确保方案实施的方向性和适应性。

实施增值评价：对学生实施全面跟踪，构建多元评价体系。以《学生成长册》为依托，对学生进行综合素质评价。强化小组团队评价，重抓班级小组，实行捆绑推进。依据活动积极性、参与的程度、思维的深度和广度、合作的有效性等因素，作为评价小组表现和个人表现的重要标准，将小组成绩纳入教师教学考核，并占有一定的权重。同时建立“小组合作学习”评价机制，合理地激发每个小组成员的最大潜力。实行小组捆绑考核，促成小组合作互助。定期评价小组共同学习的情况和小组综合表现，包括文明守纪、课堂表现、创新成果、卫生值日等方面，促进学生良好行为习惯和学习习惯的养成，实行分层作业、分层考试、全面评价，定期评价小组成员发展情况。

对教师评价采取整体量化与抽样量化相结合的方式，并加大抽样量化在教师评价中的比重。

原文发表于《当代教育科学》2012年第12期

向常规要质量　创品牌促发展

近年来，枣庄十五中按照省市工作部署，以构建实施“五环节”全程育人模式为总抓手，走内涵发展之路，进一步提升了核心竞争力，大面积提升了教学质量。

一、健全教学管理机制，强化教学中心地位

1.优化教学管理制度，实施规范管理。根据学校实际，不断修订和完善教学管理制度，先后出台一系列管理制度，促进教学工作规范化、制度化。

2.实施“切块、打包、拎走”的条块式管理新策略，责任落实到位。理顺管理机制，细化领导分工，实行校级干部、中层干部承包学部的管理方式，明确其义务和责任。同时在全市首设“体卫艺处”，使体卫艺工作落到实处。

3.坚持规范办学，确保课程实施。严格执行义务教育课程计划，开齐、开足、开好各类课程；严格落实《山东省规范办学行为40条》；严格按照课程表上课，确保课程方案执行的严肃性。

4.抓实教学过程，做到精细化管理。实行教务查课制度，对发现的问题查清原因，及时解决。实行教学常规检查制度，并及时反馈。实行超周备课制度，每周教研活动由干部对其进行督查。实行班级日志制度，班长对教

师上课情况及班级纪律及时汇报。实行教学周报告制度，各班级每周将教师授课进度、多媒体使用情况等以表格形式报给教务处，教务处做好评价及反馈。实行分层作业制度，对ABC层次学生作业类型和作业量区别对待。加强教情学情反馈，每月进行一次班级教学情况问卷调查，并及时反馈。

5.深化常规管理“学、查、纠”活动，抓实教学基本环节。以学生发展为根本，组织教师针对备课、上课、作业批改、辅导、测试、讲评等教学基本环节中存在的问题，开展“查、学、纠”活动，并使其制度化、常态化。

二、深化课堂教学改革，努力打造高效课堂

1.实施“五环节”自主学习型教学模式，突出学生主体地位。改变教学策略，实施“五环节”模式，注重小组合作探究。学校根据《小组管理规则》实施成员职责轮换制、动态管理制。小组内实行捆绑式“整体移动”调位法，给学生平等调位的机会，成功破解了教室“后三排”难题。

2.聚焦课堂，实施“比武磨课”战略。组织教师开展课堂打磨活动，上好“四种课”：推门课、校内赛课、校内研究课、精品课。在此基础上，开展东西校区教学同课异构大教研，实现同伴互助，共同提高。

3.强调工作重心下移，干部深入一线指导教学。干部深入课堂听课常态化，明确要求兼课干部每周听课不少于4节，其他干部至少6节，周一办公会进行通报。校长点评所听的每节课，对存在的问题及时反馈。同时要求教研备课组长每学期听课不少于30节，青年教师不少于45节，其他教师不少于25节。

4.实施课堂教学现代化、信息化，强化课堂资源运用。要求教师充分运用高质量的现代化教学手段，课堂媒体使用率不低于80%，以最大限度地激发学生学习兴趣，丰富课堂教学内容，提高课堂效率。

5.落实教学开放制度，安排家长监督课堂。配合家委会工作，制定家长入班制度。要求每位教师每个学期至少请家长听一节课，同家长座谈一次。各班级安排月值班表，每天每个班级两名家长进班级参加“助学、助教”活动。

三、强化教师队伍建设，实现教师、学校、教育共同发展

1.打造“幸福”课题，提升教师幸福指数。学校与中央教科所合作，制定建设“幸福学校”课题规划，确立了五大攻坚课题：幸福校长办幸福学校；幸福教师教出幸福课堂；幸福班主任带出幸福班级；幸福学生收获幸福学业；幸福家长实施幸福家教。使教师爱岗乐教。

2.举办专家讲座，实施专家引领。除分别举办校长专题讲座外，近年还先后聘请了省专家陈培瑞老师、陶继新老师、北师大褚宏启教授、南京师大马复教授来校培训指导，提升了教师们的境界。

3.实施“借船出海”战略，搭建成长平台。为拓宽教师视野，学校充分运用省中小学“1751”工程提供的交流机会，多派教师上课、听课、教研活动。与中国教育视频网合作，分批次选派70余名骨干教师赴北京、济南参加培训。条件成熟后，学校还将选派骨干教师出国学习，打造具有国际视野的高水平教师队伍。

4.开展校本研训，提升教学智慧。设立校本研训中心，成立中心教研组，发挥骨干教师辐射带动作用。重视青年教师培养力度，实施“青蓝工程”，通过基本功比赛促其快速成长。每周集体教研，有中心话题和中心发言人。干部实行蹲点教研，共同研讨教学问题。树立“教学即研究”思想，倡导“工作课题化，课题工作化”。

四、开展课程管理，盘活教育资源

1.优化课程资源，实施课程整合。创造性实施课程方案，加大课程整合力度。先后实施了信息技术与学科教学整合、本学科课程内的整合以及多学科课程整合，如体育课程与健康教育整合，七八年级数学、英语课程与活动课程整合等。

2.建设校本课程，拓展教育资源。拓展学习课程，通过校本课程建设，扩大学生的学习空间。目前所有学科都已开发出颇具特色的校本教材，形成了“十三大门类三大系列”的校本教材资源体系，共计50余本，

获省一等奖。

3.聘请“家长教师”，开阔学生眼界。创建“家长教师”制度，精心安排授课内容。每周四下午活动课为“家长教师”上课时间。聘请名家艺人进校园，让学生感受大家风范；学校先后邀请了天文学家何香涛、地震学家徐德诗、编剧张继等来校举行讲座。2008年以来，先后约有2000名家长走进课堂，开发出家长校本课程十余种。

五、开展“全程育人”，确保教育教学质量大面积提高

1.落实全员育人导师制，提高学生关注程度。干部职工、学科教师分别承包一定数量的学生和小组。受导学生由各班主任提供。导师每周与学生谈话2—3次，至少一月与家长通话一次。此举防止了两极分化，巩固了合格率，提高了优秀率。

2.建设三级家委会，凝聚教育合力。学校通过民主程序先后推选出“班级、年级、学校三级家委会”，并分别明确责任，主要参与德育、教学及班级管理工作等。

3.丰富德育内涵，开展励志活动。创设阳光大课间，上、下午大课间开展“礼仪操”“健美操”“信心操”活动。针对学生身体状况，开展春季踏青、秋季远足、冬季拉练等活动，使其深入部队、走进农家、登上高山、下到工厂，此举受到新华社记者的关注。

4.强化学生自主管理，促进多元发展。学校印制《学习习惯》小册子发给学生学习，培养其良好学习习惯；开展静思和良好习惯自测活动，培养其自觉意识。举办学生讲堂，开设特色教室，培养其特长。

5.开展“冬学”活动，提高学习效果。

六、抓好优秀教案评比，夯实课堂教学效益

1.学习市局精神，明确活动目的。多次组织教师学习，深刻解读活动意图，真正改变教师“单纯评选”的认识，使其成为教师提升每一节常态课的契机。

2.制定《优秀教案评比细则》，保障顺利实施。细则包含撰写要求、帮扶措施、奖惩方法等。鼓励先进，提倡骨干帮助弱者。对不积极参与者，实行评优“一票否决制”。

3.干部分组包干，责任到人。干部带领教师踏踏实实“研课标、钻教材、磨教法”，加大对教师的培训和指导力度。干部带头撰写教案。

4.实施课堂验证，搞好教案与课堂对接。干部和教研组长，针对教师撰写的每一个教案，深入课堂进行验证，跟踪指导，提出修改意见，尽可能使之完善。

5.成立学校评选小组，严格把关，及时上报。

6.实施干部汇报制和公示制，全方位予以督促。每周一干部办公会上，每个干部要汇报所承包学科组优秀教案撰写及选优、上传情况。校长及时了解各学科组情况并点评督促。同时，每周以年级为单位公布优秀教案撰写结果，促使评选工作正常开展。

据2012年12月在枣庄市推进优秀教案
评选活动现场会上的经验报告整理

以学生为中心　谋篇布局学校发展

近几年来，在各级领导的支持和关怀下，经过全校教职员工的不懈努力，学校在以规范促进教学上取得了很大成绩。但随着素质教育和课程改革的不断推进，以及学校规模的不断扩大，学校发展出现了一些新的问题，面临着新的挑战，需要“合理调整，发挥优势，寻求突破，再铸辉煌”，更好地承担示范、引领的社会责任。为此，我们特制定本规划。

一、理念、愿景与使命

我们坚信，学习是学生的首要任务，也是学生成长的关键途径，学校是学生的学园，也是学生成长的乐园，关注学习、研究学习、促进学习是学校教育的根本使命，也是当前学校改革和发展的重大课题。基于这样的信念，我们将“促进学生的学习”作为规划学校发展的核心价值观，作为学校再铸辉煌的关键突破口。

1.我们秉持的学校发展理念

——关注学习是教育的起点

——研究学习是教师专业行动的核心

——促进学习是学校教育的归宿

2.我们确定的学校发展愿景

——人人想学：让每位学生体验主动的学习

——人人会学：让每位学生从事合适的学习

——人人学好：让每位学生享受成功的学习

3.我们必须履行的使命

——创建学习共同体，树立促进学习的责任意识

——制定科学的方案，实施适应学生的课程教学

——盘活现场的资源，体现支持学习的中介意义

——完善组织与制度，发挥有效领导的专业价值

——开展阶段性评估，实现发展规划的引领功能

二、学生、教师、职员与家长

（一）让学生认识到自己是学习的主人

4.培养学生的自主学习意识和能力

——鼓励学生参与学习目标的确定，学会自我引导的学习；激发学生的学习积极性，学会自我驱动的学习；鼓励学生参与学习评价，学会自我监控的学习；指导学生有效管理自己的学习计划，学会自我负责的学习。

5.鼓励学生参与主题教育活动

——向学生提供内容丰富、形式多样的主题教育活动（如环境教育、创造教育、心理健康教育、安全教育等），鼓励学生参与或自主设计、组织主题教育活动，让学生亲历活动的全过程，在活动中学习知识，在活动中增长才干，在活动中学会自主。

6.加强学生行为规范养成教育

——各班级依据《中学生守则》和《中学生日常行为规范》制定班级公约，鼓励学生充分参与班级公约的制定过程，提高遵守行为规范的自觉性；组织并开展始业教育月、学生行为规范专项教育周、学生自我管理日等活动，使学生养成良好的行为习惯；加强学生社团建设，发挥学生组织自我管理、自我教育、自我促进的功能。

7.进一步推进“阳光初中生”评选活动

——确立“健康、创造、负责”为核心的阳光初中生形象标准，鼓励学生参与评价标准、评价程序的设计，完善“阳光初中生”评价体系，让更多的学生成为阳光初中生。

（二）让教师认识到自己是学习的引起者、维持者与促进者

8.引导教师实现角色转变

——让教师认识自己在学习共同体中的示范引领作用，充分了解学生的学习需求，学会创设适当的情境，营造积极的学习环境，为学生的学习提供适时的指导和帮助。

9.倡导教师研究自己的学习

——让教师以自己的学习为反思对象，深入研究自己的学习，并与同事分享自己的学习方法与经验，学会移情地理解学生的学习，提高指导学生学习的能力。

10.鼓励教师制定专业成长规划

——让教师了解自身的专业发展状况和学校发展对教师的新要求，明确自身专业发展的近期目标和长远目标，制定具体的行动方案并付诸行动，不断提高自主发展的能力。

（三）让职员认识到自己是学生学习的服务者、支持者与协助者

11.树立职员的学习共同体成员意识

——学校将组织多种形式的活动，让职员认识到自己是育人者，认识到自己的工作过程和成果是学生学习的支持性环境的重要组成部分，进一步增强职员在自己的工作岗位上服务于学生学习的意识。

12.改进职员服务学习的工作方式

——图书馆、电脑房、食堂等部门的工作人员都应当坚持一切以学生学习为中心，从自身的工作实际出发，探索新的工作机制，为学生的学习提供更好的服务和强有力的保障。

（四）让家长认识到自己是学生学习的支持者、协助者

13.推进学习型家庭建设

——修订完善学习型家庭评选标准，继续通过典型引导、经验介绍等途径促进学习型家庭的创建，鼓励家长为学生营造良好的学习环境和学习氛围，提供多样化的资源和多种形式的支持。

14.改善家长学习与交流平台

——借助于校园网等途径为家长学习家庭教育知识、探讨家庭教育问题、交流家庭教育经验提供多样化的支持与机会。

15.强化家校合作机制

——完善原有的家长会、家访、家校联系单、每周备忘录、班级主页等家校联系制度，创设家长开放日，吸收家长代表进入学校发展委员会，给予家长充分的咨询权、建议权和决策参与权，形成促进学生学习的教育合力。

三、课程、教学与研究

（一）提供适应学生的课程方案

16.整体规划学校课程

——依据《义务教育课程设置实验方案》（教育部）以及省市有关规定，基于学校的传统和现有资源，通过由学生、教师、家长、专家等代表构成的课程共同体的协商，制订学校七至九年级的整体课程规划，并在此基础上编制科学的课程表与作息时间表。

17.统筹规划、落实综合实践活动和校本课程

——结合学校的传统和学生发展的需要，提供可供学生选择的多样化课程，力求在一年内形成校本课程的框架，培植有学校特色的课程，逐步打造出一批品牌课程。

18.统整学校各类主题教育活动和学科特色活动

——统筹安排校级各类主题教育活动，鼓励教师开展多种多样的学科特色活动，逐渐形成春季艺术节、夏季读书节、秋季体育节和冬季科技节

为主体的活动体系，并根据实际情况，将其与综合实践活动、校本课程或其他领域整合实施。

（二）倡导基于课程标准的教学

19.规划每个学期的学科课程

——学习与研究学科课程标准，准确把握学科课程目标体系，作为设计教学和评价活动的重要依据；研究教材和学生学习，结合现场资源，改进学科教学内容；规划每个学期的学科课程实施方案，撰写课程纲要和教学方案。

20.实施有效教学

——明确课时、单元的教学目标，正确处理目标的预设与生成；创设合适的情境，激发学生学习的动机；结合学生的经验，注重教学内容的改进、生成与联系；充分利用现场课程资源，开展丰富、灵活、多样的教学；利用现代信息技术的优势，提高课堂教学效率；关注学生的个别差异和有特殊需求的学生，提供适性的教学；发挥教师自身的优势和特长，展现自己的教学风格。

21.创设主动、支持、安全的课堂文化

——建立合理的课堂规则，尊重学生的主体地位和学习方式，鼓励学生大胆设想、质疑与表达，积极参与自主、合作、探究的学习，营造活而不乱的课堂生态。

（三）实施差异性的评价

22.编制合适的学科评价方案

——研究课程标准，制定科学的、可操作的学科评价方案；开发各种评价工具，实施多元评价；正确理解评价与教学、学习的一体化关系，发挥评价的增值功能；承认学生在评价中的主体地位，指导学生开展自我评价；建设基于学科课程标准的题库，提高教师的命题能力。

23.设计新的学生学习报告单

——充分认识到评价促进学习的意义，注重评价结果的及时反馈和阶段性报告；重新设计学生学习报告单，定期向学生及其家长报告学生学习的全面情况，既要反映学生学业成就和综合素质，又要展示学习过程和成果，体现学生个别差异，为学生的后续学习提供支持和证据。

24.完善学科教学质量检测办法

——根据各学科的特点制定科学合理的教学质量检测方案，特别关注监测后的改进建议与行动落实；尝试制定语文、数学学科年级段达标评价体系，确保全体学生达成课程标准规定的要求，引导创建有一定特色的语文、数学学科教学。

（四）开展指向专业发展的教育研究活动

25.积极开展教育教学研究

——组织力量开发课堂观察工具，开展课堂观察专题培训，推动教师进行持续的课堂观察；继续完善、推进并鼓励教师参与“同课异构”“主题研究”“一课多磨”等形式的教学研讨活动；创建德育工作论坛和班主任论坛，为经验交流、分享和研究提供平台。

26.主动参与课题研究

——倡导教师善于从自己的教育教学实践中发现问题，并生成研究的课题；鼓励教师独立或合作地开展行动研究，做好过程性的研究文档；促进教师研究成果的转化与运用，改善自己的实践。

27.建立教师研究成果展示与分享平台

——加强学校共同体的知识管理，开展示范教案、研究报告、教育故事、课程纲要、评价方案、课堂观察报告、学科试卷等多种研究成果的展示与分享活动；继续开展校际帮扶、联谊活动，鼓励教师参与各类校外研究成果展示与交流活动，在更大的范围内传播和推广学校优质研究成果。

四、环境与资源

（一）有效利用空间、时间和信息资源

28.创设温馨、和谐的校园环境

——新设教师学习与休闲中心，优化教师的工作条件，提高教师的在校生活质量；布置有助于学生学习或成果展示的教室环境，创设真正属于孩子的、充满童趣的学习生活世界。

29.挖掘“学园”物理空间的教育意义

——在原有办公区、教学区、活动区、膳宿区等区域划分的基础上再进行细化改造，设置如学生学习中心、师生名言区、课外拓展活动区、游戏区、学生作品展示区、高谈阔论区等，充分发挥校园环境的审美和教育意义。

30.科学安排学生的学习时间

——认真执行上级关于学校教学时间安排的相关规定，合理安排课内和课外、学科和活动的时间，确保时间安排有助于学生的有效学习和身心的健康发展；高效利用课内时间，布置适量、高质的学生作业，适度减轻学生过重的学业负担；指导学生学会时间管理，提高学生的学习效率。

31.建立具有集信息、互动和档案于一体的校园网

——加强校园网络建设，宣传和展示学校形象，为学生、家长、教师提供一个交流、沟通的平台，为学生构建自主学习的空间，为学校管理、教育教学、教师成长提供信息与技术支持；充分利用和合理调配现有的设备资源，为教师教学、学生学习服务。

（二）充分开发和利用校外教育资源

32.积极开辟学生校外活动基地

——充分利用学校周边的博物馆、广场、图书馆等优质资源，建立长期固定的学生活动基地，开展博物馆讲解、广场文化研究等多样化的综合实践活动。

33.继续开展各种形式的共建活动

——继续与广播电台、电视台以及报社保持积极联系，开展共建活动，为学生提供各种认识社会的机会，培养学生初步的社会责任感。

34.重视家长委员会在教育资源建设中的作用

——加强家长委员会的建设，充分发挥家长委员会在寻求人力、物力、财力支持等方面的优势和作用。

五、组织与制度

（一）建立扁平、合作与负责的领导组织

35.建立学校发展委员会

——设立由学校人员、家长代表、社区代表和相关专家构成的学校发展委员会，作为学校发展的咨询机构，定期讨论学校发展的重大事项，为学校发展出谋划策，提供决策支持；为学校争取本地区社会、文化和经济等资源提供便利。

36.创新学校中层组织管理体制

——整合原有的组织资源，按照新的功能定位，分设学生部、课程部、信息部、后勤部和校务部等五个职能部门；确立年级段在学校管理中的实体地位；强化年级段和各职能部门的合作机制，厘清年级段长和各职能部门主任的权责关系，形成权责分明、条块结合、灵活实施的组织管理体制。

37.强化教研组在学科发展和教师专业发展中的作用

——根据新的形势，教研组长要承担课程领导的角色，引领组内教师关注学科整体发展和学生学习，定期开展多样化的、有实效的专业学习和合作研究；尝试新设语文、数学课程主任岗位，选择有较高专业水平和责任心的学科教学骨干担任，负责相关学科的课程建设和教学质量。

38.新设校长特别助理岗位

——在学校管理中，引入项目管理机制，设置因事设岗、因才定人的校长特别助理职位，负责学校重大的专项任务，为更多的教职工提供锻炼机会。

（二）完善科学、有效与柔性的保障制度

39.建立部门主任联席会议制度

——职能部门定期召开联席会议，通报、交流本部门现阶段的工作任务、重点及进展情况，了解各个部门的工作需要，协调任务分配，为其他部门的工作开展提供帮助。

40.完善教职工考评制度

——根据公开、公正和公平的原则，建立科学合理的教职工考评办法；采用多元的评价主体，既关注过程也关注结果；修订完善与之相配套的教学质量考核、班主任工作考核等制度，有效激发教职工参与专业生活和学校事务的积极性。

41.建立教师学习与研修制度

——鼓励教师参加多种形式的专业学习活动，完善校本研修制度、外出学习制度、读书制度，新设教师研修的专项经费，为教师专业发展提供制度保障。

42.制订《中学生学习守则》

——广泛征求学生的意见和建议，形成《枣庄十五中学生学习守则》，促使学生形成良好的学习行为和习惯。

六、评估与改进

43.制订规划实施工作计划

——各部门、组织应认真学习本规划，并根据本规划制订年度的工作目标和具体计划，协调各种资源，负责具体的实施工作。

44.定期开展追踪评估

——学校发展规划评估小组由学校人员代表、家长代表、社区代表和专家代表组成，采用自评与他评相结合的方式，定期、持续地评估本规划的实施情况，提供评估报告，提出相应的改进建议。

45.确保改进行动的跟进

——学校应基于评估报告为各部门、组织改进行动提供相应的配套资

源（包括制度、人力和物质资源等），指导各部门、组织调整工作计划，并根据新形势和规划的落实情况对本规划进行适当调整，以确保本规划的方向性和适应性。

选自2013年3月制定的《枣庄十五中发展规划》

第二章

课程教学改革

立足素质教育　深化课堂教学改革

初中是个特殊的阶段，也是一个非常重要的阶段，它起着承接小学和高中的桥梁作用，具有明显的过渡价值。这一阶段是整个中学的奠基阶段，是学生行为习惯及性格继续规范和强化的时期，是学生由童年向青少年转变和个性逐渐形成的时期。同时，它又是学生学习的分化时期，是学生人生中的重要转折点。作为这一关键阶段的教师，其作用也尤为重要。《中国青年报》社会调查中心通过民意中国网对3369人进行的调查显示，在问及“哪个阶段的老师对学生成长影响最大”时，“初中老师”排名第一（65.5%），“小学老师”紧随其后（63.1%），排在第三位的是“高中老师”（48.7%）。

然而，事实上，由于多年来受社会因素的影响和人们习惯思维的制约，初中阶段又处于比较尴尬的境地，它没有小学阶段高涨的热情，又缺少高中阶段教育教学的高度和深度。作为九年义务教育的后期阶段和中学的起始阶段，一些学校在对其性质的把握上发生偏差，于是出现了将后进生赶往“后三排”的不正常现象。

初中生年龄大多在11—15岁，正处于叛逆期。他们有自己的思想，但无成熟的世界观；他们有独立的意识，但尚无独立的能力；他们有一定的闯劲，但又无自我驾控的理智……这些因素自然会促成他们叛逆的性格，在一定程度上增加了教育的难度。再加上人们常说的“5+2=0”现象等，更给初中办学提出了一系列思考的问题。

面对这一系列问题，怎么办？是畏缩不前，是随遇而安，还是勇往直前？打破初中发展“瓶颈”的方法到底在哪里？初中发展出路何在？如何按照上级要求全面实施素质教育？如何促进学生健康发展？这一系列问题引发了我们深刻的思考。

从素质教育的实施来看，课堂是实施素质教育的主渠道和主阵地；从学生在校期间的时间分配来看，学生每天是在课堂上度过的；从成功的经验来看，课堂教学改革是关键，课堂教学应该回归到教育的基本规律上来，回归到国家的课程方案和办学要求上来，按教育规律做好教育应该做的事情。因此，应该把推进素质教育的切入点选定在课堂教学的改革上。

为此，枣庄十五中倾力“主战场”，悉心抓课改，经过大胆探索和反复实践，跳出了一些学校带有浓重应试教育色彩的所谓成功的窠臼，走出了一条立足素质教育深化课堂教学改革的特色发展之路。

一、激活课堂，让学生真正“动”起来

课堂是学生施展才华的主要舞台之一，过去那种老师独自讲授的模式已越来越不利于学生发展。提高学生素质，必须还课堂于学生，给学生提供锻炼的空间。为此，我们以重建课堂文化为核心，创新教学模式，不断提升教学品位，实施了“五环节自主学习型”课堂教学模式，使学生真正成为学习的主人，使课堂重新焕发出生机，使学校呈现出生机勃勃的景象。

“五环节”是学生课堂学习的五个步骤，即预习展示—感悟导入—合作探究—巩固训练—测试评价。它的实施为我们在全校迅速破解“后三排”现象奠定了坚实的基础，为学生全面发展提供了有力保障。它体现的是人本思想，每个环节都围绕学生展开；彰显的是“自主合作探究”新课程理念，注重层次性，尊重差异性；遵循的是自学—交流—解疑—巩固—反馈流程，符合学生认知规律和主体发展原则。它的实施，促进了学生学习方法的转变，也促进了教师教学理念和教学行为的转变。

“五环节”模式实施的根本保障是“合理分组”，这是这一模式的灵魂。

本着“着眼互补，异质分组”原则，班级内每六人被分为一组，按1、2号为学优生，3、4号为中等生，5、6号为后进生，三个层次进行编排。班主任综合分析每个学生的具体情况，依学生的知识基础、综合能力、学习习惯等因素，将其编排到一个异质小组里，每人固定一个编号并将分组名单上报教务处备案。小组内设小组长1名，记录员1名，检查员2—3名，中心发言人1名。如此小组成员各负其责，有分工有合作，出现了“兵教兵”的新气象，形成一个个相对独立的团结的整体、一个个颇具竞争力的团队。

在实施“五环节”模式的过程中，原先的后进生融进各个小组。每周一次调位，各小组相对固定，集体移动。学校根据《小组管理规则》实施成员职责轮换制、动态管理制、学习规范制、一帮一落实制、小组评价机制等要求，明确了小组交流程序和评价方式，促进了“五环节”模式的顺利实施。这种平等的学生关系、公平的小组体制，消除了托关系调整位置的现象，也彻底破解了存在多年的“后三排”现象，使“面向全体学生”这一理念得以落实，大大提高了教育教学质量。

“五环节”自主学习型课堂教学模式：

1.预习展示。每个学生备有预习本，详细记录预习内容。预习展示的形式有同桌展示、小组展示和全班展示，有口头展示、小白板展示、大黑板展示等。展示内容包括知识、收获、疑问等。

2.感悟导入。创设问题情境，激发学生兴趣。确定学习目标，让学生自主感悟所要解决的问题。

3.合作探究。(1)发挥小组功能，让小组成员合作互动，针对预习中的疑惑和教师设计的问题，在自主思考的基础上，研讨探究，形成结论。(2)各小组中心发言人将本组探究成果向全班汇报展示，师生对其进行评价。鼓励学生发表不同见解。

4.巩固训练。根据学生有效学习的要求进行同步有针对性的训练，包括：关注本节课知识点的基础练习；形成基本技能的变式练习；联系生活实际，分析解决问题的综合练习。

5.测试评价。立足于学习中的问题和三维目标要求进行基础性、综合性的达标测试，当堂完成，反馈矫正。

“五环节”自主学习型课堂教学模式的实施，彻底改变了教师的教学理念，实现了同等教育条件下的育人平等，尊重了学生的主体地位，实现了学习主体地位的平等，关注了每一个学生的健康成长，保护了学生的自尊心，增强了学生的自信心，使学生的学习由被动接受变为主动探究，由学会变成会学，由苦学变成乐学，使课堂成为自主课堂、快乐课堂、激情课堂、生命课堂。

对于课堂教学改革带来的改变，一位学生家长深有感触地说：“以前感觉孩子的学习很紧张，周六周日都加课，改革以后孩子的时间明显宽松了，精神面貌非常好。孩子的近视度数竟然比以前下降了。现在孩子都是先预习，然后利用好课堂的时间，平常还有时间去图书馆看书、打篮球或者看电影，我希望孩子上大学，但是坚决反对把孩子的身体搞垮了，搞得病病恹恹的。”

另外，为保证“五环节”教学模式的教学育人双重功能，我们还实施了“全员育人导师制”。

全员育人导师制，即学科教师承包制、管理人员帮扶制、全体干部分包制。它采取学科教师承包班级“五环节”合作学习小组，并担任个别学生成长导师；全体学校管理人员担任1—2名后进生的帮扶导师；中层干部包班级，校级干部包年级。同时，导师制要求教师每周至少与帮扶学生座谈一次，每月至少与家长通话一次，从行为习惯、生活习惯和学习等方面对学生进行针对性的指导帮助，转变学生的错误认识，改变学生的不良行为，激发学生的学习热情，使学生发生“质”的变化。教师每周要将谈话记录上交检查，学期末学校根据谈话记录、家长反馈、学生变化考核教师，并将结果纳入个人学期工作量化。

二、优化课堂，让效率真正“高”起来

（一）集体备课，优化教案

教师是课堂教学改革的关键，而教学研究能力则是教师发展的根本。为此，我们始终强化教研，并着力加强对教研的管理和指导。各教研组必

须在总结上一学年教科研经验的基础上制订本学期切实可行的教案。每周两节课的集体教研要求体现实效性，教研目标明确，内容充实；过程紧凑，效果明显。其基本流程是：制定计划—干部审定—按时教研—干部检查—打分反馈。

在教研的过程管理上，教师要超周备课，坚持优化教案、干部签字上课制度。教研第一课时重点研讨教材教法，集体备课。要求主讲人针对本周要教的内容从学习目标确定、重难点把握、学习方法选择、学习活动设计以及作业布置等方面，提出建议，然后共同研究，集思广益，确定最佳方案，使教学过程达到最优。

（二）转变教师角色，变讲堂为学堂

新课程标准明确提出“自主合作探究”的学习方式，是完全站在学生的角度提出的。学生是学习的主体，是学习的主人。课堂上教师的一切活动都应为学生服务。教师是学生学习活动的组织者、参与者、合作者和引导者。为此，我们要求教师必须还课堂于学生，还时间于学生；坚持“三讲三不讲”原则；每节课至少要给学生30分钟的自主学习时间。教师角色的转变，带来的是课堂的革命；教师课堂教学行为的变化，带来的是学生学习积极性的提高和综合素质的提升。

（三）多媒体教学，增加容量，提高兴趣

多媒体教学是目前较先进的一种教学手段，它运用文字、图形、图像、动画和声音等，使教学内容形象化、直观化。学生能较直接、真切地体会和接受教学内容，而且能加深理解和巩固记忆，达到事半功倍的效果。同时，多媒体教学手段所包涵的内容密度大，信息多，更能有效地提高课堂效率，取得传统教学方法无法取得的效果。目前，我校各班级全部配备多媒体，运用先进的白板技术，教师人手一台笔记本电脑，可根据学习要求随时在白板上增删内容，随时圈点勾画下批注作提示，超越了一般学校多媒体仅作幻灯片使用的单一功能。为尽快普及这种现

代化教学手段，学校要求每位教师上课的多媒体使用率在50%以上。现在，一些学科教师的使用率已达100%，极大提高了课堂效率。

（四）科学利用时间，让每一分钟生效益

高效课堂的标准是高效率、高效果、高效益。而效益的产生在于课堂学习活动的合理安排和课堂时间的科学利用。我们的做法是：一是要求教师提前做好充分准备，做到过程充实，环节紧扣，实现目标的准确和目标的有效达成度；二是规范学生学习行为，使学生的学习精力始终集中在课堂，学习思路始终围绕着目标。这一做法消除了课堂上学生乱找物品的浪费时间的现象，消除了课堂上不加思考便借鉴参考书的伪学习现象和热热闹闹浮在表面的假学习现象。

（五）分解学习任务，让每个学生有事做

学习是一种自主建构的过程，是一种体验的过程。一些学生的学习成绩之所以不理想，主要在于没有走进学习，没有真正参与其中，更没有体验到学习的快乐。这导致整个课堂只是几个优秀生的表演场所，其他学生成了“看客”。而改变这种现状的关键在于让每个学生有事可做，让每个学生愿学、会学、乐学。为此我们需要教师因材施教，因人定量，合理布置学习任务。根据不同层次，制定不同标准，让各层次学生都能在相应时间内完成自己的学习任务，体验学习过程的快乐和成功的喜悦。在实施过程中，我们根据综合评定将学习小组的学生分成三个层次，分层推进，使学生在短时间内跃入更高一级层次，从而大大提高了课堂教学效率。

三、拓展课堂，让学生心灵真正“飞”起来

课堂有狭义和广义之分。国家规定的学科课堂是狭义的课堂，而广义的课堂是在这之外的，包括社会大课堂。如果说狭义的课堂是基础，是内涵；那么广义的课堂则是提升，是外延。为此，我们积极拓展课堂，帮助学生拓宽视野、彰显个性、发挥创造，为学生搭建舞台。

（一）积极开设“校本”课堂

目前，学校在严格完成国家课程、地方课程的基础上，充分发挥全市窗口学校得天独厚的资源优势，延伸、拓展国家课程，通过校本课程建设，扩大学生的学习空间，丰富学生的学习内容，提高其学习兴趣和效率，实现最终的教育目标。

学校积极发挥各学科组的群体优势和共同智慧，组织骨干教师主持编写校本教材。教材编写要求体现“五性”“两化”原则，即趣味性、活泼性、启发性、实践性、开放性和专题化、生活化。目前，初中学段开设的语文、数学、英语、物理、化学、思想品德、历史、地理、生物学、音乐、美术、体育、计算机等学科都开发出了颇具特色的校本教材。在校本课程的开发上，我们学校形成了“十三大门类三大系列”的校本教材资源体系。通过专职或兼职教师，以课堂或讲座的形式引导学生学习，给他们精神启迪，从而提高学生的学习兴趣，拓宽学生的知识视野，为学生搭建了张扬个性的平台。

如语文学科的《诗意的珍馐》《漫画漫话》带给学生的是珍爱生活、品味生活；数学学科的《你能想到吗》引导学生进入奇妙的科学世界；英语学科的《e趣拾集》，思想品德学科的《聆听青春的声音》，物理学科的《绚丽的彩虹》，计算机学科的《信海扁舟》……这些教材为不同层次不同类型的学生提供了自主发展的空间。校本课程的开发，拓展了教育资源，激发了每个学生的学习热情。

（二）组织“家长教师”进课堂

“家长教师”就是聘请有一定专业特长的家长担任综合实践活动课的教师，让他们把不同领域的知识和技能带进课堂，传授给学生，拓宽学生的视野。经过实践，聘请“家长教师”的做法是创新综合实践活动课、落实素质教育的有效途径。“家长课堂”是一门面向全体学生的融道德教育、历史文化教育、心理健康教育、科技教育、创新实践教育等于一体的综合实践活动课程。走进课堂的“家长教师”，来自全市机关、医院、司法、高校、园艺、厂矿、服务行业等的干部、医师、法官、教师、工人师傅等学生家长，他们带着精心准备的教案走进课堂，与学生进行面对面的交流。

家长们结合各自工作实践和专业特长，为学生讲解不同领域的知识技术、人生信仰和价值观。他们的讲解，有生活常识，如“文明礼仪与人际交往”“生活情趣的建立”“早餐的营养与科学”“良好卫生习惯与疾病防治”等；有青少年心理健康与预防犯罪教育，如“远离网吧，珍爱生命”“健康人格的特征”“交通法规的自觉遵守”“法律知识知多少”等；有科技知识的传播，如“环保之窗”“自然灾害与自救”“创伤现场的救护”等；还有“文学艺术的欣赏”“中华传统美德故事讲解”“花卉栽培”“可爱的家乡”“我与妈妈的对话”等，无不渗透着家长们的热情。

他们讲解有耐心，有激情，有关爱，有期望……学生们听得兴趣盎然，激动万分，课堂处处洋溢着精彩，精彩把课堂无限延长……这一创意课堂的开设，得到了省教育厅的充分肯定，2008年12月，被山东省教育厅推荐为素质教育宣传典型。

（三）举办名家名师讲堂

名家名师讲堂就是邀请名家名师进校园，开设专题报告会。让学生同作家、艺术家、科学家、医学专家、著名记者面对面交流，感受大家风范；使地方民俗文化如柳琴戏、伏里土陶、山亭皮影、山东快书等成为学生的兴趣特长。

四、调控课堂，让师生潜质真正“现”出来

有效调控课堂是深化教学改革的有力保障。同时，调控的目的还在于让课堂中最具活力的学生和老师始终处于最优质的状态中，让其内在的潜质自觉地发掘出来、展示出来。事实证明，及时调控课堂，能有效规范师生课堂行为，优化课堂，使师生的思维始终保持在最佳状态，实现课堂效益的最大化。

（一）学校干部听课调控

听课是促进教师发展的最好渠道，是保障师生学习活动高效的有效手段。为此，学校实行干部听课定量制，不兼课的干部每周最少听6节课，兼课的干部不少于4节。每周办公会上公布每人的听课节次，学期末公布每人听课总节数。连续多个学期，学校的干部每学期听课节数最少在60节，最多达100余节。同时，要求干部除听包组学科的公开课外，更要按年级学部多推门听常态课，听后座谈交流，查看教案，进行针对性的指导。

（二）学生家长多方调控

学生家长是学校不可或缺的一支教育力量。密切家校联系，充分发挥家长的辅助作用，是现代学校成功的一大条件。

首先，成立“家长委员会”，确立了全体家长“首任教师制”。学校充分调动家长积极性，让他们全身心地投入孩子的教育，引导他们积极配合学校、联手老师，共同担当教育学生的重任。同时，聘请家长担任学校教育监督员、学生成长导师和学校讲师。让家长们参与管理、决策管理、监督管理。2010年3月，学校被省教育厅确定为全省中小学校家长委员会建设首批示范学校（全省五所学校），11月，学校代表全省初中学校在全省家长委员会建设会议上做典型发言。

此外，学校建立了家长开放日制度。在每月的一个周四向家长开放课堂，请家长进教室听课，并对课堂作出评价，对班级和学校分别提出意见和建议。此举促进了课堂教学活动的开展，课堂上师生的表现也获得了家长们的好评。

（三）学生每周反馈调控

学生是学习的主体，课堂是他们的“战场”，他们的发言也是最具代表性的，聆听他们的声音是学校的职责。在这点上，我们学校建立了周反馈制度。将事先设计好的表格发到学习委员手中，对他们进行培训，要求他们将每周教师上课情况、多媒体使用情况、各科最后教学进度等，一并统计好于下周一交到教务处；由教务处统计汇总，予以公布。同时包组干部以此为依据在集体教研时检查对照老师备课，以落实是否超周备课。

（四）社会各界评价调控

一是不定期组织社会各界人士来校参观指导，对课堂教学提出建议；二是结合各种活动，主动发出问卷，让社会进行评价。然后将反馈意见在全校教师大会予以通报。

五、科学评价，让学生才华真正“亮”出来

在教育教学和管理过程中，学校建立了新型评价机制，最大限度地给学生提供成功的机会，使每个学生都能得到成功的体验，促进其良性健康发展。

（一）取消分数评价，实行等级评价

开展诊断性检测，取消分数排名，按照一定比例划分出ABCD四个等级，并把等级记入《学生成长册》。

（二）实施分层次评价，让每一缕阳光都灿烂

1.分层次作业。作业按题目的分量和难易程度分类。小组内学生按照ABC三个层次，作业分别侧重“探究性作业”“理解性作业”“基础性作业”。实行作业布置分层审批制度，严格控制学生家庭书面作业总量，确保学生书面作业不超过规定时间和难度系数。

2.分层次测评。每次测评，根据ABC三个层次设计考试的题量和难度。学生根据自己实际情况选做相应层次的题目，完成本层次题目即为优秀。对跨层次做题的BC类学生进行表扬鼓励。教师分层次审阅，对三个层次的学生再分别评定ABCD等级。如此，对三个层次中不同类型的学生，真正起到了鼓励和督促作用。

（三）坚持个体评价，突出团队评价

对小组实行个人评价与团队评价相结合的评价方式。在学习结果和教学质量的分析上，突出学习小组的评价分量，将小组成绩按一定权重纳入教师教学考核，督促教师关注小组团队，关注每一个学生。同时建立“小组合作学习”评价机制，对小组团队实行捆绑考核，从品德、行为、身体、心理、综合实践等方面定期评价小组共同学习情况和小组综合表现，促进小组成员之间互学、互帮、互补、互促，以养成良好的行为习惯和学习习惯。

《中国教育报》曾以《让教育回归原点的变革》为题介绍学校这一经验：“如今，在枣庄十五中，学校实施的小组合作学习有声有色。按照素质教育理念，学校要求每个班级都要组成学习小组，按照优中差均衡搭配，实行团体考核。学校对同一年级不同班级测评，采用在各班级小组抽检的方式，譬如每个班级都是抽小组的2号和5号，这就意味着任何一个学生发展状况的好坏都会影响老师的评价。在这种情况下，对小组个体的评价决定了小组团队的评价。”

（四）改变终结性评价，实施全过程、全方位评价

制定周评价、月评价制度，充分肯定学生的健康成长；对学生各方面素质实施评价，并及时表彰。设奖的原则是奖项多、奖面宽、内容全、范围广，意在让全体学生都有表现自我、施展才华的机会，增强他们的成就感和自信心。

我们以现代教育理念为指南，立足素质教育深化课堂教学改革，形成立体育人网络，破解了办学过程中的一系列难题，提升了办学品位，提高了学生的综合素质，形成了鲜明的办学特色，得到及社会各界的广泛赞誉，被国家及省市新闻媒体相继报道。

据2010年12月在曲阜教学节上的交流发言材料整理

立足课堂教学改革　实施“大课程”战略努力打造特色课程文化

近年来，枣庄十五中以科学发展观为指导，以深入推进素质教育为核心，以办人民满意的学校为目标，以特色品牌创建为有效载体，坚持育人为本，实施“大课程”战略，把教学、德育、家庭教育、社会实践等都纳入课程体系，加以整体规划，统筹安排，以现代教育理念，努力构建特色办学、创新育人的学校发展新模式，丰富了教育内涵，推进了教育改革。经过全体师生的共同努力，学校办学水平稳步提高，实现了教育教学质量的新突破，得到了社会各界和家长的广泛认可，成为全市初中教育的窗口学校。

一、制度创新，完善利于课程建设的科学管理机制

（一）在学校管理中，实施“切块、打包、拎走”学校管理新策略

将科室与学部原有的单向的“线条式”管理，转变为科室与学部紧密结合的“条块式”管理。同时细化学部管理，将大学部再次“切块”，实行校级干部、中层干部承包学部的管理方式，形成“校中校”的管理格局，责任更加明确。

（二）实行“微班”化管理

班级以6—8人为一组，分成若干个“微班”，进行综合自主管理，组长就是“微班”的班主任，形成“班中班”的管理方式，实现了“大班额中的小班制”，从而破解了城区学校班额大的难题。

（三）实行全员导师制

学校干部、职工、学科教师分别承包一定数量的学生和小组。以学部为单位，采取个人自愿、学部推荐和班主任安排相结合的办法，确定导师结对人选。导师每周要与学生谈话2—3次，每月至少与家长通话一次。做好学生思想引导、学业辅导、生活指导、心理疏导、人生向导工作。学期末，学校将学生的综合表现及学业成绩纳入导师考核，从而使班级每位学生都能受到教师的特别关注。

（四）实施课堂教学一票否决制度

在教师之间开展新课程达标、赛课活动，推动每一个教师转换新课程理念，践行新课程模式。在规定时间内，符合标准的教师，则可达标上岗，否则，一票否决。

二、理念导航，构建新课程背景下的有效教学模式

在新课程背景下，针对课堂效率、效果和效益，学校构建并实施了“五环节”自主学习型课堂教学模式（预习展示—感悟导入—合作探究—巩固训练—测试评价）。这种模式的实质是改变传统的教学方式和学习方式，变“以教为主”为“以学为主”，变“教师中心”为“学生中心”。核心是小组合作学习，其教学目标为构建和谐互动、轻负高效的课堂，促进每位学生全面发展。在实施过程中，学校构筑起了切实有力的实践体系。

（一）激励学科改革，构建课堂改革体系

学校出台了“五环节”课堂教学模式后，各学科又根据本学科的特点和

实际，确定了本学科的“五环节”课堂教学模式。各学科模式的建立，丰富了“五环节”的内涵，创新了教育教学方式。如语文学科的“五环节”是：预习提示—定标自学—合作探究—交流释疑—巩固反馈。思想品德学科的“五环节”是：预习展示—自主感悟—合作探究—走进生活—收获平台。

（二）提升专业发展，构建教师专业支撑体系

为使教学改革理念深入人心，学校出台了《“五环节”自主学习型课堂教学模式达标实施方案》，确立并实施了组织发动、立标示范、学标练课、检查验收四个阶段，在检查验收阶段所有教师分四批达标过关。对于不能按时达标的教师，执行学校相关处理意见。在此基础上，聘请专家培训指导，继续开展多种形式的课堂教学研究活动，深入推进“五环节”课堂教学。每学期组织学科带头人、骨干教师上观摩课，普通教师上展示课，新教师上汇报课、过关课；开展全员赛课活动、同课异构活动、听课评课活动；组织课题研究、课改论坛、课改案例、论文评选等活动，营造浓厚的研究氛围，不断提高教师实施课改的能力。配合“五环节”教学模式的实施，我校还制定了一系列教学管理规范，以扎实推进课堂教学改革。

（三）重视小组合作学习、团队评价

重视小组合作学习、团队评价的出发点是改善课堂内的社会心理氛围，创造不同层次学生的发展环境，激发学生的自信心，促进每一个学生主动健康发展。各班本着“着眼互补，异质分组”原则，小组成员按照ABC三个层次组成，A层次成员作为小组学习的主导，带动BC层次成员参与小组学习，各层次成员之间互相促进。各小组相对固定，每周一次调位，集体移动，消除了“后进生”集中后三排的现象。制定并实施成员职责轮换制、动态管理制、学习规范制、一帮一落实制、小组团队评价制等机制。依据活动积极性、参与的程度、思维的深度和广度、合作的有效性等因素，对小组表现和个人表现进行评价。举行小组学习水平评价表彰，并将小组学业成绩纳入教师教学考核，并逐渐加大考核的权重。定期评价小组综合表

现，包括文明守纪、课堂表现、创新成果、卫生值日等方面，促进学生良好行为习惯和学习习惯的养成。

（四）强化分层作业和分层评价的功能

在面向全体学生的前提下，坚持因材施教、分层指导的原则，充分考虑学生的个体差异，在关注学生心理、情感、意志、价值观的同时兼顾学生知识、能力、行为的差异性，使每个学生都能学有所获。作业设计按题目的数量和难易程度分类，小组内不同层次的学生，分别侧重“探究性”“理解性”“记忆性”三个方面的作业。测评分层进行，根据三个层次设计考试题目的难度和题量，同时测评成绩也以等级的形式出现。

三、专业提升，打造实施课程工程的优质教师团队

实施专业引领，提升职业追求；引入“行动研究”理念，提高常态下教研实效。

（一）开展专业引领活动，更新教学理念

一方面由校长分别开设讲座，另一方面聘请教育专家和专职教研员定期来校对教师进行教育理论学习和教学工作指导。如我校先后聘请了省内知名专家陶继新老师、南京师大教授马复先生来校培训指导。定期组织教师外出参观学习，借助省“1751工程”学校之间开展活动的机会，组织老师们积极参与；实施“借船出海”战略，搭建平台，与中国教育视频网合作，分批次选派70余名骨干教师赴北京、济南参加培训，更新理念，开阔视野。

（二）健全组织形式，搭建研训平台

设立校本研训中心，定期进行教学研究；明确教导处和教科室的课程管理职能，推进师资管理和培训；成立学校中心教研组，吸收各学科骨干教师参加，发挥他们的带动作用。

（三）深化“学查纠”活动，优化教学管理和效益

做好理论政策、先进经验的学习与贯彻，开展精细化管理与评价。将“学查纠”与教学常规、教学改革、课程实施等各种教育教学活动有机结合，形成浓厚的学习氛围、有效的反思机制和科学的管理态势，激励教师专业发展。

（四）开展“五个一”活动，促进自我成长

每人一个“五环节”教学小课题研究、每人一节公开课、每人每周一篇教学反思、每人一篇高质量的教学论文（案例）、每人做一次“五环节”研训活动的中心发言人。

（五）开展四大工程建设，助推教师发展

“教育信息化工程”——提升教师的信息技术素养和技能。“优质课堂工程”——努力打造常规课堂的优质化；“教师读书工程”——每学期读一本教育专著，提升教师职业境界；“名师工程”——组建名师工作室，引领教师专业成长，不断走向教育教学新领域。

（六）重视教研的过程，树立“教学即研究”的思想

把教研过程与常规教学工作紧密结合，坚持在教学中研究，在研究中教学。做到教师全员参与，干部全程参与并全过程指导，把随堂听课、听后评课与备课指导结合起来。

（七）组织小课题研究，以科研指导实践

学校倡导“工作课题化，课题工作化”，要求教师用研究的眼光看待自己的教学实践，使每位教师都能利用教育科研来解决实际问题，做到“人人有课题，课课是研究”。

（八）重视青年教师培养，保持学校可持续发展

针对一线教师中青年教师偏多的现状，大力实施“青蓝工程”，加大对

青年教师的培养，让青年教师在研讨中成长、在合作中成长、在展示中成长。强化对教师的职业道德教育，消除教师的职业倦怠，引领教师在工作中铸就幸福人生。

四、拓展资源，建设适应学生个性发展的特色课程文化

（一）整合课程资源

学校积极设计并实施新的课程方案，加大课程优化整合力度。从学生终身发展的内在需要出发，着眼于学生整体能力提高，以减少课程内容的重叠与分化，彰显知识、技能与生活世界的联系及其价值，从而进一步促进教师的提高，为学生的人生发展奠定坚实的基础。除实施信息技术与各学科的整合、实施本学科课程内的整合外，学校还实施了多学科课程整合，如我们目前已经实施的体育课程与健康教育整合，七八年级数学、英语课程与活动课程的整合，激发了学生的学习兴趣，促进了学生智力的发展和学习效率的提高。

（二）开发校本课程资源

在严格执行并开足开齐国家课程、地方课程的基础上，学校充分发挥各学科组的群体优势和共同智慧，延伸、拓展国家课程，通过校本课程建设，扩大学生的学习空间，丰富学生的学习内容，提高其学习兴趣和效率，实现最终的教育目标。对于校本教材的编写，学校要求严格遵循“五性”“两化”原则，即趣味性、活泼性、启发性、实践性、开放性和专题化、生活化。目前，初中学段开设的所有学科都开发出颇具特色的校本教材，其中语文、数学、英语三科又开发出系列教材，拓展出国家课程校本化的新路径。这样，在校本课程的开发上，就形成了“十三大门类三大系列”的校本教材资源体系，共计50余本。其中，《绚丽的彩虹》获省级单项奖，学校校本教材系列获省级奖励。这些校本教材，真正拓展了教育资源，拓宽了学生视野，训练了学生思维，激发了每个学生的学习热情。本学期在校本课程实施中推行选课走班制，为学生量身定做25门课程（美文赏读、生

活中的数学、微电影的欣赏与创作、走近金融等），供学生选择学习，极大激发了学生的学习兴趣和探究积极性。

（三）引进名家课程资源

聘请名家艺术家进校园，开设专题报告会，让学生同作家、艺术家、科学家等面对面交流，感受大家风范。学校先后邀请了天文学家何香涛、地震学家徐德诗、雷锋班第四任班长曲建文、见义勇为英雄徐洪刚、摄影家孔令勤等名家进校园举行讲座。

（四）拓展家长课程资源

学校聘请有一定专长的家长担任综合实践活动课的教师，让他们把不同领域的知识和技能带进课堂，拓宽学生视野。“家长教师”来自机关、医院、司法、高校、园艺、厂矿、服务行业等，都能结合各自工作实践和专业特长，为学生讲解不同领域的知识，组织学生参与活动体验感受，学校与其合作，编写出家长课程10余本，大大丰富了学校课程资源，至今已有2000余名“家长教师”走上讲台，破解了学校综合实践活动课程和校本课程教师资源欠缺难题……实践证明，聘请“家长教师”的做法是创新综合实践活动课、落实素质教育的有效途径，是面向全体学生开设的融道德教育、历史文化教育、心理健康教育、科技教育、创新实践教育等于一体的综合实践活动课程。这一创意性课型的开设，得到了省教育厅的充分肯定，2008年，被山东省教育厅推荐为素质教育宣传典型。

五、整合力量，发挥家长及社会综合课程的教育实效

学校确立了全体家长“首任教师制”。通过民主选举，成立“班级、年级、学校三级家委会”。班级家委会成员分别担任活动实践指导、卫生健康指导等。年级家委会（学校家委会）设置了家长教师部、学生成长导师部等六部。学校家委会和年级家委会定期召开“常委”会议，安排并指导各班级家委会开展工作。学校为家委会提供专用办公室，并制定家校联络制度，

负责配合、指导家委会工作。

为了真正实现家委会的知情权、评议权、监督权、参与权，学校聘请家长教育监督员，定期邀请家委会参加学校行政例会，通过座谈会、问卷调查等形式，广泛听取家委会意见。平时到校值班的家委会主任委员，更要参与到学校的日常教学管理中，评价作业、评价备课，走进教室听课助学，检查课间操，给班级文化打分，提出合理化建议和意见，促进学校健康发展和规范办学，维护学生和家长利益。

学校充分调动家长积极性，让他们全身心地投入到孩子的教育上，引导家长减少依赖学校、依靠老师的意识，积极配合学校、联手老师，共同担当教育学生的重任。尤其是多次开展的远足励志活动，对学生身体和意志的锻炼，起到了很大作用。此举颇具现实意义，新华社记者专门到学校采访并报道。学校家委会工作经验得到了省教育厅的认可，在全省多个地市进行了巡回经验介绍。

六、多元评价与关注，促进学生在新课程背景下的长远发展

新课程背景下，学校立足于学生的长远发展，改变了评价方式，淡化分数评价，实行等级评价；关注成功体验，实行分层次评价；改变终结性评价，实施全过程、全方位评价。不仅解放了学生的时间、解放了学生的空间，更解放了学生的思想，同时有利于学生性格的塑造和心灵的自我成长。

（一）实施“学生品格自我塑造工程”

给学生布置每日德育生活作业，开展校园每日“诵读、静思、歌唱”三项活动；进行学生良好习惯养成每周自我测评；暑假开展“在实践中成长，在探究中学习”综合实践活动，寒假开展“雷锋伴我度新春”综合实践活动。

（二）倡导高品质文化校园

开展“六项文化建设”，提升校园精神。主要开展校园“规范文化”

建设活动、校园“微笑文化”建设活动、校园“情感文化”建设活动、校园“励志文化”建设活动、校园“价值观文化”建设活动、校园“希望文化”建设活动。

（三）采取自主管理责任制

建立合作互助小组，人人都当小组长；设置班级“特别班干”，使班级事事有人管，处处有人问，避免了管理盲区，提高了学生自治能力。

（四）创建个性化特色社团

创建个性化特色社团“三团一社”，使有专长的学生得到充分发挥和锻炼。

据2013年4月在山东省教学示范化学校现场会上的经验介绍整理

提升“五环节”魅力　追求卓越课堂

多年来，枣庄十五中以教学的高质量和高升学率赢得社会各界的广泛赞誉。但是每年高升学率的背后往往隐藏着更多学生作为学习的陪衬，班额大，后三排后进生现象严重，两极分化严重，不少学生学习积极性不高等弊端。基于此背景，自2008年以来，我校构建并实施了“五环节”自主学习型课堂教学模式（预习展示—感悟导入—合作探究—巩固训练—测试评价）。“五环节”自主学习型模式以培养学生创新精神和实践能力为重点，充分发挥学生自主学习的主观能动性，变教师传授知识、解决疑难为学生渴求知识、探索问题、研究问题；变老师要学生学为学生主动学、自愿学、自觉学。

一、注重实施过程，构筑切实有力的实践体系

（一）构建专业支撑体系，层层深入推进“五环节”

为使课程改革理念深入人心，学校出台了《“五环节”自主学习型课堂教学模式达标实施方案》，制定了《“五环节”课堂评价标准》，成立了“五环节”达标评审小组，确立并实施了组织发动、立标示范、学标练课、检查验收四个阶段。在检查验收阶段，所有教师分四批达标过关。为稳步推进“五环节”各项工作，学校周密部署，层层推进。

1.铸模

2008年，博采众长，结合学校自身特点，构建“五环节”教学模式。

2.固基

2009年初，立标示范，共有46位教师参加了首批验收。验收组经过认真听课评课和对“五环节”论文、教案评审，共评出优秀19人，合格20人，不合格7人，分别占参加验收人数的41.3%、43.5%和15.2%。

2009年6月，学校因势利导，举行第二批“五环节”达标课活动。学校各学科组达标率达90%，相比第一批达标课，达标率显著提高。

2009年9月和2009年12月，学校分别举行第三和第四批“五环节”达标课活动。通过一年的努力，“五环节”课堂达标率达95%。对于不能按时达标的教师，学校执行了相关处理意见。

“五环节”系列达标课之后，为将学校课改推向更高潮，学校开展了一系列“五环节”优质课评比活动。“五环节”课堂教学模式在学校轰轰烈烈开展起来。工作10年的教师，工作5年的教师，工作3年的教师，工作未满一年的教师，各学科组、各年龄段教师积极参与，“五环节”赛课活动如火如荼地开展起来。

与此同时，学校开展“五环节”课堂教学研讨会、说课比赛，开展“五环节”教学小课题研究，成立“五环节”教学项目研究组，开展课堂教学模式课题立项研究，每学期进行“五环节”教学案例、论文评选活动，教师“五个一”活动，定期组织“五环节”同课异构活动、青年教师培训、观摩活动。完善教学实施体系，走科学实践、科研引领的道路。

3.提升

学校聘请专家培训指导，继续开展多种形式的课堂教学研究活动，提升“五环节”课堂教学。学校先后聘请山东省教育科学研究所原所长亓殿强、教育专家陈培瑞、市教研室各位教研员老师来校调研指导，提升“五环节”，将原有“五环节”自主学习型课堂模式提升为“五环节”全程育人模式。与此同时，学校定期组织教师外出参观学习，借助省“1751工程”学校之间开展活动的机会，组织老师们积极参与；实施“借船出海”战略，搭建平台，与中国教育视频网合作，分批次选派70余名骨干教师赴北京、济南参加培训，更新理念、开阔视野，营造浓厚的研究氛围，不断提高教师实施课改的能力。

4.脱模

学校出台了“五环节”课堂教学模式后，各学科又根据本学科的性质特点和实际，确定了本学科的“五环节”模式。各学科模式的建立，丰富了“五环节”的内涵，创新了教育教学方式。如语文学科的“五环节”是：预习提示—定标自学—合作探究—交流释疑—巩固反馈；思想品德学科的“五环节”是：预习展示—自主感悟—合作探究—走进生活—收获平台。

（二）重视小组合作学习、团队评价

重视小组合作学习、团队评价的出发点是改善课堂内的社会心理氛围，创造不同层次学生的发展环境，激发学生的自信心，促进每一个学生主动健康发展。各班本着“着眼互补，异质分组”原则，小组成员按照ABC三个层次组成，A层次成员作为小组学习的主导，带动BC层次成员参与小组学习，成员之间互相促进。各小组相对固定，每周一次调位，集体移动，消除了“后进生”集中后三排的现象。制定并实施《学习小组管理办法》，实行成员职责轮换制、动态管理制、学习规范制、一帮一落实制、小组团队评价制等机制。依据活动积极性、参与的程度、思维的深度和广度、合作的有效性等因素，对小组表现和个人表现进行评价。举行小组学习水平评价表彰，并将小组学业成绩纳入教师教学考核，并逐渐加大考核的权重。定期评价小组综合表现，包括文明守纪、课堂表现、创新成果、卫生值日等方面，促进学生良好行为习惯和学习习惯的养成。

（三）强化分层作业和分层评价的功能

在面向全体学生的前提下，坚持因材施教、分层指导的原则，充分考虑学生的个体差异，在关注学生心理、情感、意志、价值观的同时兼顾学生知识、能力、行为的差异性，使每个学生都能学有所获。作业设计按题

目的数量和难易程度分类，小组内不同层次的学生，分别侧重“探究性作”“理解性”“记忆性”三个方面的作业。测评也分层进行，根据三个层次设计考试题目的难度和题量，同时测评成绩也以等级的形式出现，对三个层次的学生分别进行评价，最大限度激励学生的学习，让他们保持学习的信心和进取心。

二、效果显著，成绩斐然

“五环节”自主学习型模式实施5年来，因制度合理，模式科学，我校教学成绩逐年攀升，学生学习效果有了显著提高。许多困扰我校乃至教育界多年的难题得以有效破解。

（一）破解了班级“后三排”现象

“五环节”小组化的学习形式，组内异质的分组方法，定期移动位置的小组排列方式，彻底破除了后进生集中在“后三排”的现象。

（二）打破了大面积提升成绩瓶颈

从“五环节”实施以来学生成绩的合格率、优秀率不断提高和中考升学人数逐年增多来看，“五环节”有效解决了制约大面积提高学生成绩的瓶颈，成为一把全面提高学生成绩的“金钥匙”。

（三）解决了班级学生成绩失衡问题

结对互助学习、小组合作学习，自主释放的学习热情、展示点燃的学习激情，使成绩较差的学生有了学习兴趣，有了学习动力，得到了有效的帮助，其学习成绩都有较大提高，从而缩短了与优秀生的差距。

（四）破解了城区大班额困境

“五环节”课堂实行小组化管理，把每个组打造成一个“微班”，形成“班中班”的管理方式，实现了“大班额中的小班制”，从而破解了城区学校班额大的难题。

（五）破解了学生被动厌学的难题

“五环节”课堂解放了学生，把学习的时间、学习的权力、学习的表达还给了学生，学生学习的精神得以焕发，产生了强烈的学习兴趣。无论问卷调查，还是课堂直感，学生学习积极性都发生了巨大变化，真正实现了“要我学”到“我要学”的转变，课堂变成了“生命的狂欢”。

三、直面问题，分析解决

随着五环节的深入推进，在课堂教学过程中，许多问题和困惑慢慢浮现出来，梳理如下。

（一）部分教师课改意识淡薄，意识落后

个别教师还是习惯用过去的教学理念和教学方式抓教学。

（二）部分教师因为对“五环节”的重视程度不够，认识不到位，导致在运用的时候，照猫画虎，教学效果较差

1.小组合作学习前，部分教师对感悟导入、定标自学的问题处理得不够清晰，就抛出问题实施小组合作学习。学生没有明确合作学习的目的、步骤，问题本身也无法吸引学生的注意力，学生不理解要学习什么，怎样学习；同样教师由于缺乏必要的引导，无法帮助学生迅速、准确地把未知信息与已有的认知经验联系起来，从而无法帮助学生选择最佳的学习结合点，找到解决问题的策略。

2.教师为了提高学生参与度，遇到问题，不管合适与否，难易如何，都要学生合作讨论，这种非适时适度的讨论造成了：学习方式不是围绕教学目标而开展，学习效果达不到预期。同样由于单一方式方法的刺激，学生逐渐感到厌倦。一些没有思维容量，甚至是一些不需要讨论的问题也充斥其中，学生没有参与讨论的兴趣，教学时间大量浪费，教学效果事倍功半。

（三）学优生在小组中处于主宰地位，霸占了小组的话语权，学困生则处于从属或忽略地位

在合作学习时，学优生往往具备了合作交流的某些条件和要求，成为小组内最活跃的分子，他们的潜能得到了发挥，个性得到了张扬。而一些学困生因为基础薄弱，参与性、主动性欠缺，思维的敏捷性、深刻性稍逊，落后优等生半步，无形中失去了思考、发言、表现的机会，在一定程度上被变相剥夺了学习的权利。

“五环节”教学模式实施以来，我校教师的教学观和教师教学行为发生了明显变化。教师更加注重教学过程中的学生发展，师生共同学习、共同提高，课堂灵动高效，学生成为课堂的主人。学生的主体地位和学习的责任感明显增强，学生自主学习、合作意识、实践能力等综合素质得到了培养和提高。当然，“五环节”也不是万能的“钥匙”，更不是一成不变的模子，机械地套用，死板地学习，不能取得良好的效果。这需要我们在理论和实践中不断丰富它的内涵，不断探索有效的自主学习、合作学习的途径和方法，从而使课堂教学效果最优化。几年来，我们十五中人一直本着科学严谨的态度，求真务实的品格，将“五环节”进一步提升、优化，使“五环节”真正成为齐鲁教育的一大品牌。

据2013年5月在枣庄市教学模式改革会议上的经验介绍整理

整合教育资源　锻造特色课程

枣庄十五中坚持育人为本，实施“大课程”战略，积极构建校本、班本、组本和生本“四本”课程体系，努力打造特色课程文化，走出了一条别具特色的促进学生自我发展的教学改革之路，成为全市推进素质教育的“急先锋”。

自2008年初至2013年，我校以培养全面发展的高素质人才为目标，坚持“校本性、人本性、科学性、拓展性、趣味性”原则，以学校特色建设为突破口，突出学校文化和地方特色，紧紧依靠广大干部、教师、家长、学生及社区工作者，开辟出了一条扎实有效、富有特色的校本课程开发之路。

一、校本课程开发的心路历程

1.低效的课堂。在应试教育的年代，我校和大多数学校一样，课程简单，凡是中考考试的课程，我们都开齐开足甚至开超，而非考试的课程则是能少开就少开，能不开就不开。这造成了高耗低效的课堂，教师疲劳，学生厌倦。

2.形式化的校本。2008年春天，在山东省素质教育会议后，我们按照课程方案把校本课程排上了课程表。但什么是校本课程，如何上好校本课程，我们是迷茫的。校本课程排上了课程表，但经常被挤占或是放任。

3.改良的校本。我们也曾拿来别校的课程，进行改良。

4.家长教师的启发。山东省教育厅原厅长来我校调研，对于我们“家长教师”的方案给予了充分认可，并将其推荐为素质教育典型。家长可以上课，是不是也可以编写校本教材？我们的老师是不是也可以开发校本教材？社区有专长的专家们是不是也可以为学校所用？

2009年秋，我们开始了校本课程的构建。

2011年秋，八大序列校本教材开发出版。

2012年秋，校本课程选课走班开始实施。

2012年冬，山东省校本教材研讨会典型经验介绍。

二、高屋建瓴，成立校本课程开发团队

校本课程开发团队建设，是校本课程开发和实施的首要任务。我校先后成立了校本课程管理团队、校本课程研究团队、校本教材开发团队。从人力资源上保证了校本课程开发的顺利进行。

1.校本课程管理团队。成立校本课程开发领导小组，具体负责统筹校本教材开发、课程管理、课程评价等工作。

2.校本课程研究团队。由骨干教师和部分优秀家长组成的校本课程研究团队，主要任务是开展校本课程建设研究、教材研究、评价研究，以及对全体教师、家长的培训等。

3.校本教材开发团队。由骨干教师带动的教师群体、由家长委员会带动的家长群体以及由社区文化精英带动的社区工作者三部分组成。五年来，先后有100多位教师、500多位家长、50多位社区工作者参与了校本课程的开发活动。

三、缜思密部，细化课程实施方案

我校的校本课程有七种上课方式。

1.专任教师执教的校本课程。我们安排专任教师，提供校本教材范本作为教师备课上课的参考，任课教师结合自身优势及爱好特长，在充分调查

论证的基础上自主选取教学内容并确定自己的课程，制定课程实施方案。

2.家长执教的综合课程。家长根据自己的专业特长，选择适合初中学生学习的内容，提前编写教案，交校本教材审查小组审查同意，并准备相应的材料、教具，制作PPT，按时来校上课。

3.班主任组织的小课题研究。班主任组织学生以小组为单位开展社会调查、科技制作等小课题研究。期末学生上交小课题报告，班主任对学生的课题研究进行评价。

4.由学校社团活动中心组织的社会实践活动。学校每个班级都有自己的社团，这些社团在学校社团的领导下开展活动。目前我校成立了红石榴剧社、百灵艺术团、小记者团、少年科学院等多个社团。学校坚持常规活动制度化、主题活动系列化、创新活动时代化、社会实践活动生活化、大型活动节日化，开展了丰富多彩的社团活动。

5.名家讲堂。学校开展名人名家、英雄人物、民间艺人进校园等活动，先后邀请了英雄人物高玉宝、航天专家潘厚任等来学校作报告，还邀请当地如摄影、书法、戏曲等文化名人、民间艺人来校讲课。近三年学校邀请了30多位市内外文化名人来校作专题报告。

6.学生百科讲坛。同学们根据自己的兴趣爱好，提前报名竞选“坛主”，介绍自己的学习方法、课外知识等。

7.学校的校园文化。学校建筑、人文景观、文化长廊都对学生起着潜移默化的教育作用。我校的走廊文化内容主要包括科技篇、文化篇、人物篇等，成为校本课程的重要内容。

与这七种上课方式相适应的，我们的校本课程的任课教师有专任教师、兼任教师、家长教师、社区工作者、学生五类。

四、家校共建，深度发掘课程资源

基于学校现状，以其价值主体——学生、教师和学校——的需要为依据，多渠道、多维度拓宽校本课程资源的发掘渠道。

1.教师参与校本课程开发。主要是提供见解、参与课程研制的讨论、收集资料、编写教材，开设校本课程。近年来，由我校骨干老师领衔主编的校本教材有二十多册，开发出的课程达九十多种。

2.学生参与校本课程资源开发。学生根据自己的兴趣和需求，参照校方提供的校本课程内容，选择有利于自身发展的课程，并根据自己的个性与特长、爱好与兴趣、需要与追求，搜集、甄选课程资源，参与校本课程资源开发。

3.依托家长开发校本课程。我们在家委会设立家长教师部和校本课程资源部，开展“家长开放周”“家长进课堂”“家校联合社会实践”等活动。近年来，由学生家长和教师共同编写的校本教材三十余册，多次为省内外教育考察团及教育现场会提供现场和优秀课例。

经过广泛发动，深入培训，多渠道开发校本课程资源，我校刊印了由教师、家长、社区专家编写的五十余册校本教材，如《诗意的珍馐》《漫话漫画》《运河风云人物》《最美枣庄》《走进金融》《茶艺与烹饪》等，初步形成了学校文化序列、家乡文化序列、现代科技序列、健康生活序列、艺术欣赏序列等八大序列。

五、走班选课，打造精彩校本课堂

2012年秋，在系列校本教材的基础上我们开始了新的探索——选课走班。

1.先知后行，方案引导。结合几年的实践，在学校领导层的统一思想下，确立了校本课程选课走班的基本思路，制定了校本课程选课走班实施方案，学校用指定报名和自愿报名相结合的形式确定校本课程的任课老师，统一安排在周三下午连续两节课为校本课程，学生在这一时间段进行走班上课。

2.需求分析，教师自主确定课程。教师根据自己的专长，考虑到学生们的意愿，在进行充分的论证后确定课程，并把课程方案报校本课程实施领导小组审核，然后开展教学活动。

3.学生选课，我的课程我作主。教师确定好课程后，学生们根据自己的爱好，自主选择适合自己的课程，分别填报志愿。学校根据学生填报的志愿被安排到相应的教室上课。所有班级都设课堂，所有学生都走班，破解了校本课程被挤占的难题，提高了校本课程的实效性，学生们在某一领域有了较深入的研究和探索，综合素质得以提高。

六、不拘一格，优化多元课程评价

学校成立了校本课程实施评价领导小组，分别对学生学习情况和教师教学情况进行评价。

1.学生评价。教师根据学生平时的上课情况、作业完成情况、期末成果展示（论文、作品展示、现场表演、实物制作、项目设计、对话交流、档案袋记录等）及考查对学生进行评价。家长教师对学生上课情况、项目设计、家庭表现、对话交流等情况对学生进行评价。班主任根据学生平时的上课情况、参与小组活动情况、小课题研究情况、德育处反馈成绩、任课教师和家长教师反馈的成绩对学生进行综合评价。

2.教师评价。由学校校本课程评价小组负责实施，主要考查教师的校本课程规划、备课、上课、承担公开课、学生作业、平时检查、学生评教、选课的热度，并组织校本课程教学成果展示，开展情景测验等，对教师执教情况进行综合评价，并将结果纳入教师的年度考核之中。

五年来，经过学校领导与师生的共同努力，我校形成了具有特色的校本课程体系，通过课程实施开启了学生的心扉、激活了生命课堂、推动了素质教育的发展，形成了鲜明的办学特色，学校发展又上了新台阶。我校也将以校本课程开发和实施为突破口，积极推进素质教育改革，实施品牌发展战略，不断提高教育质量，把枣庄十五中办成枣庄市样板学校、全省名校、全国强校。

据2013年10月在山东省素质教育论坛（烟台）上的发言整理

深入推进“五环节”课堂模式 全面提升教育教学质量

一、困惑·机遇

镜头一：

时间：2008年5月的一天。

地点：枣庄十五中七年级某班。

场景：某新授课的课堂上，教师在课堂上引经据典侃侃而谈，学生们大都端坐凝听，不时认真记录。然而后面几排的学生有的低头看课外书，有的左右窃窃私语，有的在用纸条“鸿雁传书”，更有甚者在课堂上微微响起了鼾声。课堂前后形成鲜明的对比。适逢检查的市局领导皱起了眉头。

镜头二：

时间：2011年11月的一天。

地点：枣庄十五中八年级某班。

场景：某新授课的课堂上，在教师指导下，学生们井然有序开展学习活动，预习展示形式多种多样，小组合作学习，有发言有记录，组内合作精彩纷呈，交流氛围热烈，测试评价掌握扎实。整个课堂热烈不失理性，沉稳不失灵动，学生们自始至终积极参与，热情似火。

镜头三：

时间：2013年3月的一天。

地点：枣庄十五中九年级某班。

场景：某学科复习课，教师在教师内来回巡视指导，学生们在自由复习。半小时后，老师问复习好了吗，学生们有的回答好了，有的回答没有，有的同学复习了一个章节，有的复习的不够一章或者稍多。课堂上，老师好像在“放羊”，“羊”跑到哪儿，“羊”要吃什么、吃多少，教师并不清楚，也毫无办法。课堂效率冰到极点。

背景解析：

曾几何时，传统教学模式仍是我国中小学课堂教学的常态，为数众多的中小学仍然在“苦抓”“苦教”和“苦学”的困境中挣扎。精英教育使得我们的教师只关注优秀生，对其他部分学困生视而不见。针对新课程背景下对课堂效率和面对全体学生的发展需要，同时在市局领导的抛题点拨下，枣庄十五中于2008年构建并实施了新授课的“五环节”自主学习型课堂教学模式。模式实施伊始，山东省教育厅副厅长带领众多专家和包括新华社在内的众多记者来到十五中调研。专家的认同，媒体的报道，让枣庄十五中的“五环节”课堂模式备受关注。自2008年，学校开始践行此模式并一直坚持至今，新授课课堂效益大大提高。

然而，一方面是新授课“五环节”的灵动课堂、高效课堂，另一方面却是“放羊式”的复习课，“天黑就住店”的习题课，“教师一讲到底”的试卷讲评课等，大大影响了课堂效率。一时间，枣庄十五中的课堂教学改革遇到了发展的瓶颈。

如何深化课堂教学改革，如何打破发展中的瓶颈，将“五环节”课堂教学模式引入纵深发展，枣庄十五中进行了一轮又一轮尝试、创新……

二、转变·探索

针对新课程背景下关注课堂效率、效果和效益，关注学生发展的需要，学校于2008年创造性地构建并实施新授课的“五环节”自主学习型课堂教学模式，这种模式的实质是改变传统的教学方式和学习方式，变“以教为主”为“以学为主”，变“教师中心”为“学生中心”。核心是小组合作学习，其教学目标为构建和谐互动、轻负高效的课堂，促进每位学生全面发展。

——预习展示：预习是学生课前的自主学习，是学习过程的前移。展示的成果既包括预习的内容，又包括学习过程中的思考及问题困惑。

——感悟导入：创设情境，运用漫画、故事、音乐、视频、情境表演，或由社会现象、生活现象切入，激发情趣，设疑激思，巧妙导入。

——合作探究：这是课堂的核心部分。本着“着眼互补，异质分组”原则，将班内每六人或八人分为一个学习小组，原则上按1、2号为学优生，3、4号为中等生，5、6号为后进生三个层次进行编排。班主任根据学生的知识基础、综合能力、学习习惯、性别等，将其编排到一个异质小组里，实施成员职责轮换制、动态管理制、学习规范制、“一帮一落实”制、小组评价机制等要求，明确了小组交流程序和评价方式。

——巩固训练：巩固训练不是简单做题，而是根据学生有效学习的要求进行同步的有针对性的训练。

——测试评价：立足于学习中的问题和三维目标要求进行基础性、综合性的达标测试，当堂完成，反馈矫正。

各学科依据课程特点，制定本学科的“五环节”教学模式，从语文、数学、英语到音乐、体育、美术、信息技术及校本、地方课程，均建立了富有特色的学科“五环节”课堂教学模式，如：

语文学科的“五环节”是：预习展示—定标自学—合作探究—交流释疑—巩固反馈。

思想品德学科的“五环节”是：预习展示—自主感悟—合作探究—走进生活—收获平台。

美国国家训练实验室研究的“学习金字塔理论”显示：采用不同的学习方式，学习者的平均学习保持率会有很大的差异，数据表明，读仅仅可以记住10%，听可以记住20%，看可以记住30%，说可以记住70%，而合作讨论可以记住90%。“五环节”课堂教学模式的实施，是完全符合这一科学理论的。

从2008年秋季到2013年的五年间，为使“五环节”在课堂生根发芽、开花结果，我们在实施与推进中做了以下积极的探索。

第一阶段：转变观念，学习发动

1.转变观念

（1）通过课堂教学改革，要使课堂内容适应学生的学习，让课堂适应每个学生的发展。课堂上，教师要做到因材施教，让不同层面的学生都有参加教学活动的机会，做到不让一人掉队。

（2）教师的“教”为学生的“学”服务，引导学生开展自主、合作、探究式学习。

（3）授课必须体现精讲精练，对于难懂的知识，教师要启发、适当点拨、指点迷津。教师要把课堂的大部分时间还给学生，提高学生的主动性、参与性和积极性。

2.学习发动

在教师中开展“学模式、用模式、磨模式”活动：

（1）理论学习。读新教育理论，读苏霍姆林斯基等人的经典教育名著，读学校《教学与教研》的理论文章，开展教师专家论坛、青年教师读书沙龙活动等。

（2）研讨打磨。利用教研活动、读书沙龙等研讨学习收获及疑难困惑，对“五环节”模式不断打磨。

（3）立标示范。立“五环节”课堂优异者为“标”，上示范课，固定公开课时间，供大家及时观摩学习。

（4）优质赛课。2008年11月，我校举办了“五环节”教学优质课评选活动，对成绩优异的老师予以隆重表彰。此后每学期均有围绕“五环节”开展的优质课评比、青年教师汇报课等活动。

在学生中开展“会自学、会合作、会展示”的“三会”活动：

（5）进一步完善“班中班”“组中组”建设。大组、小组职责明确，能自动运转。这是“五环节”模式的组织保障。

（6）让全体学生重新学习“五环节”课堂模式学习规范。明确独学、合学和展示的基本要求。

（7）培训组长，训练组员，树立小组竞学意识。让组长学会对本组的学习管理，当好合作探究时的主持人。小组实行捆绑管理，采取小组量化评比。

第二阶段：以点带面，全面推进

1.汲取经验，不断完善

在实验取得阶段性成果的基础上，学校及时开展典型示范活动，同时总结成功经验，以专题讲座、研讨会、学习简报等形式予以交流推广，供教师学习借鉴。面对存在的问题，制定措施，开展研究，把实验引向深入。

2.学标练课，人人达标

为掀起进一步深化学习的新高潮，依据课堂教学评估指标，组织教师人人达标活动。先有市级以上优质课一等奖获得者、教学能手、骨干教师进行立标示范；然后，大文、大理各推出一位优秀教师在全校再上观摩课，为全体教师进一步作出示范。在此基础上，要求人人学标练课，同时开展干部推门听课、教师展示课、教学研讨活动，让“五环节”教学深入人心，深入课堂。自2009年4月开始，开展教师“五环节”新授课达标活动，教师上交“一文一案一课”进行申请，然后上达标课。截至2009年底，我校分四批对每位教师进行了新授课“五环节”达标活动。

3.落实常规，模式备课

要想上好“五环节”模式课，首先要备好模式课。学校结合市局优秀教案评选活动以备课组为单位，组织教师加深对“五环节”模式的理解。把每周检查与不定期检查结合起来，作为考核内容之一。

为进一步深化完善“五环节”教学模式，我校建立了一系列教学制度，力求让模式成为教学的常规工作。如《“五环节”教师教学规范》《“五环节”学生学习规范》《学习小组管理办法》《“五环节”教学常规检查细则》《“分层次布置作业及测评”实施意见》《“五环节”课堂教学评价标准》等。

4.开展活动，强力推进

教务处通过开展各项活动不断深入推进“五环节”教学。如每学期第二周进行组长及骨干教师的“五环节”示范课，每学期每人一节的“五环节”公开课，并开展了学校间、校区间“五环节”模式同课异构的研讨课、青年教师“五环节”汇报课；围绕“五环节”开展的教学论坛、教育叙事以及结合“一师一优课、一课一名师”开展的“五环节”全员晒课、赛课等活动。

“五环节”课堂教学实现了“三个平等”“两个转变”：

（1）实现了同等教育条件下的育人平等。

（2）实现了同等制度下的评价平等。

（3）实现了学习主体地位的平等。

（4）实现了教师教学理念的转变。

（5）实现了课堂效率的转变。

“五环节”新授课教学模式实施以来，教师的教学观和教师教学行为发生了明显变化，更加注重教学过程中的学生发展，师生共同学习、共同提高，课堂灵动高效。学生成为课堂的主人。学生的主体地位和学习的责任感明显增强，学生自主学习、合作意识、实践能力等综合素质得到培养和提高。

三、变式·灵动

“打铁还需自身硬”，这也成为促进我们继续深化课堂教学改革的原动力。模式的构建应从有形到无形，从模在课堂到模在心中。基于此，学校的“五环节”在2014年9月又有了新的发展。

学科不同，每节课的目标任务不同，“五环节”的运用也不相同。“五环节”是丰富多彩的，是灵动的，在基本模式下，演化出众多变式。

1.以“五环节”的某一单一环节为主的课型

预学展示课：以预习展示为主，预习内容较多的课，如语文的长篇课文。

定标自学课：以自主学习为主，独学、对学和群学，课堂由学生自己支配。

合作探究课：以合作探究为主，通过小组的力量，“兵教兵”破解疑难。

展示反馈课：以学生展示为主，重点由学生讲解、演示，教师点评、提升。

测试评价课：以测试评价为主，通过测试进行训练，发现问题并及时矫正。

2.“三自异步”模式

随着课改的深入，教学过程要更加强调学生学习的自主性、丰富性和选择性，更加强调学生的自主学习、合作学习，教师应彻底还权于学生，真正让学生实现“我的课堂我做主”。

“三自”即课堂以大组为单位，学生自主选择学习内容，自主确立学习目标，自主决定学习方式方法。“异步”指学生可以不按教师统一安排学习内容和进程开展学习，学习效率高的组可以超越一般进度，提前学习新内容，全班各组可以有不同的学习进度。

“三自异步”学习方式最大限度地给学生学习的自主权、选择权，使课堂真正成为“知识的超市、生命的狂欢”。学习组与组之间也因此形成强烈的你追我赶的竞争氛围，使课堂由高效走向了卓越。

四、丰富·完善

“五环节”新授课模式在一定时期内发展蓬勃，但复习课、习题课、试卷讲评课的随意性、主观性、效率低下，与课堂教学改革更加格格不入。随着课改理念的深入人心，尤其枣庄十五中几次在全省“素质教育论坛”发言后，我们倍感压力，对学校继续发展的责任感，对学生成长的使命感，让我们不敢原地止步。

1.丰富课型教学模式

在市教研室课改工作精神指引下，学校自2012年秋季开始，利用一年的时间，开展了复习课、习题课、试卷讲评课的科学建模工作。通过组织教研备课组长、骨干教师针对当前课型不断修改、打磨，融入学生主体、学习主线、先学后教、以学定教的课改理念，在创新中进一步充实、完善了“五环节”教学模式，从而实现了学科课型化、课型模式化、评价匹配化的建模工作。

在建模的过程中，我们有幸得到市教研室领导和专家们精心的指导与帮助，极大加快了我校课堂建模的推进工作。我校构建的多种课型模式列举如下：

“五环节”复习课：确定目标、自主复习——合作探究、知识梳理——例题评析、深化提高——变式巩固、拓展完善——达标测评、巩固矫正。

“五环节”讲评课：试卷自结——分析错因——合作探究——教师评析——定点练习。

“五环节”作文指导课：感悟导入、明确目标——例文引路、技法点拨——学以致用、片段练习——习作交流、赏析评说——布置题目、列出提纲。

在此基础上各学科又呈现出灵动多姿的学科复习课、习题课、试卷讲评课教学模式。

2.创新小组竞学形式

“五环节”教学模式中，真正通过“合作探究”使学生掌握知识、启迪智慧，开展好小组活动是关键。基于此，我们又适时地引入小组竞学，在教室黑板上画出小组竞学表，对课堂上表现突出的组进行加分表扬，每天一小结，每周一统计，每月一表彰。

小组竞学使课堂增加了评比竞争的氛围，调动了学生参与学习的积极性，极大提高了课堂效率。为开展好小组竞学，各学部纷纷采取了不同的形式，有的年级实行举牌加分，有的实行电子记数加分，有的根据学生的层次对于学困生进行双倍加分。

以上模式的运用、小组的学习，丰富了各学科、各课型的课堂需要，提升了我校的课堂效率，将课堂教学改革引入纵深发展。2014年以来，我校有3名教师分别获得国家级优质课比赛一等奖、省级优质课比赛一二等奖；10余名青年教师参加市级优质课比赛荣获一等奖；1名教师被评为枣庄市有突出贡献的中青年专家；10余名青年教师被评为枣庄市骨干教师。因为践行了课堂教学改革，十五中人更坚定了自己的名师梦。同时，“五环节”教学模式的实施也给我们带来了实实在在的成绩，自2009年中考首次突破400人以来，我校中考升入重点高中人数逐年攀升，在2015年突破700人大关，“五环节”也让我们十五中人坚定了自己的“强校梦”“教育梦”。

五、提升·飞跃

“五环节”课堂教学模式，有效地提高了课堂教学质量，在“智育”方面对学生有较大的促进。然而教育必须是完整的，“五育”并抓，才能促进学生全面发展。基于此，我们提出了践行“完整的教育”，“完整的教育的内涵包含着完整的理念、完整的构架和完整的管理”。

正是为了践行“教育中心（学校）就要培养完整的人”，在“五环节课堂教学模式”的基础上，结合先进的教育理念和学校实际，我们提出了“五环节全程育人模式”。这种模式将课堂教学与学科育人、学校管理与学生自主管理、学校教育与社会教育、家庭教育紧密融合，包括以下五个环节：课堂教学、学校管理、学生自主管理、家庭教育、社区教育。五个环节是一个整体，缺一不可；五个环节互相联系，又相对独立；五个环节不分先后，共同育人。

由“五环节”课堂教学模式到“五环节”全程育人模式是一次质的飞跃，它凸显了学校教育理念的提升，体现了新形势下办学的本质，体现了学校教育的主动性、针对性、开放性、实效性，全面促进了学校工作的开展。

1.管理育人：建立学部制——“校中校”

根据“切块、打包、拎走”的学校管理新策略，分年级建立学部，形成科室与学部紧密结合的“条块式”管理模式。

2.全员育人：建立全员育人导师制——师生结对

学校干部、职工、学科教师分别承包一定数量的学生和小组。以学部为单位，采取个人自愿、学部推荐和班主任安排相结合的办法建立育人导师制。

3.家校联动：建立家委会

学校通过民主选举，成立班级、年级、学校三级家委会。家委会，把家长和师生融为一体，把社区、社会和学校融合在一起，形成和谐“恒温”完整的家园，让人们都成了教育的一分子，达成了教育与生活，家庭与学校之间的豁达、包容、感恩、理解、合作、互助。

六、交流·共赢

辛勤努力，结出硕果。2013年，我校的“五环节”自主学习型课堂教学模式荣获山东省基础教育省级教学成果奖二等奖。荣誉的背后，是全校教师们投身科研，投身课堂改革的热情，整个学校呈现出的一幅生机勃发的景象。在市局主抓的优秀教学资源评选活动中，截至2015年底，我校教师的教案共被市教研室选中700多个，教师教学教研能力得到有效提升。

除此之外，2013年我校还分别与浙江杭州师范大学东城实验学校、薛城舜耕中学、滕州育才中学、台儿庄区第三十九中学开展同课异构活动。学校与台儿庄区第三十九中学，互派教师，形成相互学习、相互借鉴、资源共享的研讨氛围。更吸引山亭区第四十中学与我校合作办学，取得了良好的社会效益。枣庄十五中在“自我发展”的同时，真正辐射周边学校，带动市域教育改革创新发展。

据2016年4月在枣庄课堂教学论坛上的交流材料整理

指向学生核心素养提升的校本课程开发与实施

枣庄十五中于2010年开始规划校本课程建设工作。在学习文件精神、查阅相关文献、挖掘自身资源、调查学生需求的基础上，经过反复论证，于2010年2月设计、制定了工作方案并开发了30多种教师系列校本课程，2011年又在家长教师课堂的基础上开发了20多种家长教师系列校本课程。随着经验的不断积累，我们又于2013年9月做出调整，进行校本课程选课走班，不断探索校本课程在开发、实施方面的规律。尤其2017年对国家课程校本化——引桥课程的开发、实施进行了有益的探索和尝试。2016年9月，《中国学生发展核心素养》正式发布，我们进一步把校本课程开发与实施定位在培养学生人文底蕴、科学精神上，让学生学会学习、健康生活，具备责任担当、实践创新方面。

一、校本课程开发实施的背景

1.学校发展需求——实现办学宗旨，弘扬办学特色

一所好的学校不仅仅是传授知识的地方，而更应该是在“润物细无声”中成就一个又一个有用人才的地方。在教育教学工作中，我校多方位拓宽育人渠道，努力构建学校、社会、家庭三位一体的教育教学工作大格局；

发扬改革创新精神，坚持全员育人、以学生为中心的教育教学指导思想，构建实施“五环节”全程育人模式，促进了教育教学质量在高层次上的持续提高。学校坚持科学的人才观，面向全体学生，注重学生全面发展，促进学生全面成才。

基于以上基础，我校在规范和高质量实施国家课程的基础上，核心素养下的校本课程开发与实施具有鲜明的时代特色，呈现出多元教育价值，引领每一位学生主动发展、个性发展和幸福成长，从而实现学校的办学宗旨，体现学校的办学特色。

2.学生和家长需求——开发家长资源，满足学生需求

校本课程的设置必须充分考虑学生的需求、兴趣，这是校本课程开发的起点，学生的内在需要也是检验一门课程是否成功的首要标志。为此，在设置课程门类时，学校向每位同学发放调查问卷，根据学生最感兴趣和学习最薄弱的方面进行选择性开课，在课程结构上体现课程的均衡性、综合性和选择性，强调尊重学生的兴趣和经验，为学生的个性发展留下空间。

另外，学校以家委会建设为契机，充分挖掘家长资源，依托家长开发校本课程，通过“家长参与学校管理”“家长助学”“家校联合社会实践”等活动，让家长深入了解学生在校表现及各方面的能力，与家长们共同合作开发校本课程，充分满足学生的内在需求，为校本课程找到一个基准点。

3.中国传统文化的魅力——薪传中华文化，根植民族基因

中华民族文化源远流长，博大精深。中华文明是人类文明史上唯一没有中断而延续至今的古老文明。

对于中华传统文化的魅力，学校主要利用校本课程展示了以下5个方面：（1）民俗、旅行的魅力，开设《中国传统节日与文化》《妙剪生花——剪纸》《书法》等校本课程；（2）文学、艺术的魅力，开设《走进唐诗》《红楼梦人物欣赏》《经典文学诵读》《竖笛演奏》《装饰画设计》等校本课程；（3）健康、武学的魅力，开设《杨氏太极》《健美操》《阳光成长》等校本课程；（4）品德、修养的魅力，开设《国学礼仪》等校本课程；（5）宇宙、科学的魅力，开设《地理探索》《生活中的数学》《奇妙数学》等校本课程。

二、校本课程开发与实施的运行机制

1.落实立德树人

美国教育家赫钦斯说："教育的首要和根本的作用就是把人塑造成人，就是培养和发展他的人性。"我国教育家吕型伟则这样说："人类最大的危险不在核云盖顶，而在于人类心灵的残缺，在于道德的堕落。"教育是一项将人塑造成为人的伟大事业，它的重要任务就是抑制人与生俱来的兽性而竭力培育十分脆弱的人性。而人性的程度差异的衡量标准，则永远是一个时代和社会对人类个体的道德要求。这种道德要求，体现在学校教育中，就是我们通常所说的德育。德育担负着培养人之为人的重任。如果撇开德育去奢谈人的素质的全面提高，那将是十分危险的。因此，开发校本课程，必须强化德育功能。

2.培养创造精神

在每个人的心灵深处，都蕴蓄着某种创造潜能，青少年时期正是这种创造潜能最活跃的涌动期，好奇心、敏感性、跃跃欲试的勇气即其最明显的体现。但是，好奇心易在日复一日的司空见惯后丢失，敏感性易在纷繁芜杂的日常生活中麻木，而跃跃欲试的勇气则易在杰出人物的伟大发明创造的光辉照耀下消亡。许多人的创造潜能就是这样被沉埋于心底，长期尘封甚至霉烂掉了。因此，开发校本课程应该注重学生创造意识的培养，积极有效地激发学生的好奇心，维护其敏感性，鼓励其敢试的勇气，使学生产生探索未知领域的渴望，形成对创造性解决问题的需要，并具备"我行""我必行""我能创造""我必创造"的信念。

3.注重实践体验

校本课程要克服传统的基础教育课程脱离学生的生活世界的状况，要求和鼓励学生投入生活，亲身实践体验，自主选择探究。它应该充分尊重学生的生活、学生的探究本能和兴趣，给予每个学生主体性发挥以广阔空间。这样，才会使学生自己寻找问题，主动地学习和思考，从而更好地培养学生解决问题的素质和能力。因此，校本课程开发，必须强调课程的实践性与体验性，必须兼顾学生的兴趣特长与个性，同时要考虑某些活动课程能得以实施的场地与设施。

三、校本课程开发的种类

我校校本课程内容的确定是建立在对学生发展需要评估的基础上的，根据我校的培养目标，以满足学生的兴趣和个性发展需要为宗旨。在这个过程中，我校主要把握了三条途径。

第一条是巩固和强化现有的课程。通过对学校已开展的活动课与选修课、课题研究项目、课堂教学改革尝试等内容规范化、系列化、目标化，开发出校本课程。

第二条是教师从丰富的课程资源中选用比较适合的课程，有计划、有重点地开发新课程。教师还可根据学生的实际情况和学校或自身的现实条件，对已有的课程进行局部的内容修改或结构调整，以适应教师具体的课堂情境，形成适合本校学生需求的校本引桥课程。

第三条是充分利用社区资源，使学校、家庭、社区、社会紧密联系在一起，从而促进校本课程的多样化和乡土化。注重推陈出新、借鉴出新、改造出新、发展出新，努力推进学校活动课程化、校本课程班级化、隐性课程显性化，从而开发出家长教师课堂、学生百科讲堂。

我校校本课程以下面六大类型为体系构建而成。

课程类型	课程内容
学校传统课程	管乐、交响乐、健美操、合唱、足球、篮球等
育德修行课程	国学礼仪、中国传统节日与游戏、中国传统节日与民俗、经典文学诵读、人生规划、国防知识普及等
学科创新课程	枣庄史话、地理探索、红楼梦人物欣赏、中华好诗词、走进唐诗、快乐阅读、读写拓展等
实践学习课程	生活中的数学、奇幻数学、生活中的化学、装饰画设计、妙剪生花——剪纸、十字绣的制作、竖笛演奏、电子杂志、快乐象棋、五子棋等

续表

课程类型	课程内容
家长教师课程	行业知识、百科讲堂等
个性社团课程	书法与篆刻、新语文学社、杨氏太极、演讲与口才、魅力辩论、阳光成长、趣味篮球、魅力足球等

四、校本课程开发与实施的重要环节

1.明确目标

创造发明活动课的开发，不仅仅是把它作为对学校劳技课教学的一种补充和延伸，更重要的是把它作为素质教育的一个突破口即培养学生创造意识的一个必要途径；德育实践体验课的开发，要基于大德育的理念，着眼于使每一个学生的道德修养都能有切实的提高；各类兴趣活动课的开发，既要满足学生已有的兴趣和爱好，又要激发和培养学生新的兴趣和爱好，既要培养和发展学生已有的特长，又要寻找和挖掘学生潜在的能力与优势并加以培养，使之成为新的特长；选修课的开发，不仅要巩固和扩充学生从必修课中所学的知识，而且要努力使学有余力的学生成为某些学科中的尖子。总之，校本课程的开发，就是要让每一个学生都健康成长，让每一个学生都走向成功。

2.落实教师

创新性校本课程的开发与实施，需要一批具有创新意识的高素质有特长的教师。首先根据原有的师资力量，将开发与实施的任务都具体落实到优秀骨干教师身上。此外，学校还授权各负责老师在必要的时候，可以自行决定聘请校外的专家学者及家长来校开讲座和作指导。但是，教师的创新意识和高素质并不都是现成的，校本课程的开发实施也并不是仅靠少数骨干教师就能完成的。因此，我们还长期开展对全校教师的校本培训，不仅使全校教师的素质有了明显的提高，而且使骨干教师的特长优势得到了更好的发挥，从而使开发实施校本课程从真正意义上得以落实。

3.联系社会

校本课程的开发与实施，是不能与当地的社会环境相脱离的。当地的社会环境中蕴含着校本课程开发的丰富资源，并且也能为校本课程的实施提供各种有效的途径。因此，在校本课程的开发与实施过程中，我们一直积极主动地与当地社会进行联系。如学校与所在地附近的城东派出所联合，对学生进行法制与法治教育，派出所的警官经常应邀为学生作讲座，以许多活生生的案件事例，教育学生要知法和守法。这在预防未成年人犯罪方面，也取得了很好的效果；与社区联系方面，则是通过组织学生到社区、部队开展义务劳动、提供文艺服务等多种形式，与社区紧密结合，使社区成为学生接触社会、了解社会、深入社会的窗口，从而为促进学生对社会由知之不多到知之较多的转变，开辟了新的途径。

4.选课走班

根据校本课程的总体目标与课程结构，我校制订了《枣庄十五中学校本课程开发指南》，对教师进行培训并且自主申报课程。学校根据校本课程的总体目标及教师的课程开发能力，对教师申报的课程进行审议。审议通过后，编入《枣庄十五中学生选修课程目录与课程介绍》。学生根据自己的志愿选课，当选课人数达到一定的数量后开课。在此基础上，学校形成了一份完整的《枣庄十五中校本课程开发方案》(包括需要评估、校本课程的总体目标、课程结构与门类、实施与评价的建议以及保障措施等)；教师在课程实施之前或过程中，撰写自己承担的《校本课程纲要》。

校本课程的开发与选课走班的组织实施，对于新课程改革是否能够成功具有至关重要的意义，这也是每一所学校面临的最严峻的考验。在组织校本课程的开发与教学当中，会出现许多问题，如何解决这些问题，如何让校本课程发展学生核心素养、真正实现它在新课程改革当中的地位，需要我们共同努力。

据2017年1月在山东省素质教育论坛(济南)上的发言整理

第三章

家校协同育人

家长委员会全面参与学校管理的实践和思考

枣庄十五中是山东省家长委员会建设项目组首批培育的典型学校和课题实验学校，在领导和各位专家的指导下，几年来，学校家委会在全面参与学校管理的具体内容和方法途径方面做了积极的探索和实践，总结出了一些经验，使学校家长委员会“全员参与、全面参与、全程参与”成为现实，成效显著。

在省家长委员会建设项目组指导下，随着学校家委会建设的不断完善和深入开展，我们对学校家委会工作的内容、组织形式、工作方法、发挥的作用、产生的影响有了更深刻的理解和体会。

家委会工作取得的显著成绩，家长和社会的广泛赞誉，也促使我们产生新的思考：家委会如何在学校的各个方面发挥作用？怎样开展全面参与工作？学校各方面如何配合？

一、为什么要请家长委员会全面参与学校事务管理

2011年9月，有部分教师和干部产生疑问，为什么要让家长全面参与学校教育？家委会的参与对学校正常办学会有什么样的影响？2012年9月，家委会卓有成效的工作让有疑问的教师和干部都开心地笑了，也使我们更加

深刻认识到：

1.全面参与学校教育是家委会委员们的“权利、责任与义务”，《山东省普通中小学家长委员会设置与管理办法（试行）》有明确要求。

2.全面参与学校教育是不同学段、不同区域学校家委会结合实际开展工作的追求目标和实施原则。

3.全面参与学校教育能改善学校各处室、各教研组教职工的工作状态，能更好地提高学生的学习积极性。

4.实践证明，在影响现代教育的诸要素中，家长应该是一个不可缺少的要素；完善现代学校教育制度，家委会可以给我们提供很多帮助，帮助破解一些素质教育难题；家长资源也可以对学校教育资源不足进行必要的补充（补充课程资源、提供设施资源、联合社会资源）；家委会搭建了沟通平台，家长与学校、家长与老师、家长与家长之间有了更多的理解、包容，对学校各项工作开展起到了有力的推动作用。

“家长委员会”全面参与学校事务管理，在港澳台地区已有先期实践经验启示。如台湾省台北市立天母国民中学建立的家委会工作组织机构就比较完善。该校家委会组织可以直接参与学校重要会议，促进国际交流，支持社团活动，添购硬件设施，协助学校办理学生各项生活、学杂用品采购，建立家长讯息网，家长志工团，自我成长训练（快乐父母成长班、父母增能训练）等。

美国霍普金斯大学“学校、家庭与社区研究中心”主任乔伊斯·爱泼斯坦博士也曾提出过促进家长参与学校事务的六种方式：辅导家长、多项交流（家长与学校，家长与家长的沟通）、家长志愿者（参与学校教育教学）、家庭学习（家委会和学校帮助家长指导孩子学习）、参与决策（建议、协商）、社区合作（家校合作的拓展）。

二、家长委员会如何全面参与学校事务管理

（一）家长委员会全面参与学校事务的内容

几年来，我校家委会紧密结合学校实际，与各处室积极合作，在以下

几个方面做了大量工作，教育效果非常明显。

1.参与德育管理工作。由家委会、家校办联合学校德育处、团委、体卫艺、安全办开展工作：

（1）参加常规德育管理。班级主题班会的策划、召开；每周升旗仪式；上放学期间的安全保护。

（2）参加大课间“文化套餐”活动。大课间班级唱歌、诵读、静思、宣读活动的督促检查。

（3）参加社团活动。做少年学院辅导员（文学院、科学院、经济学院、体育学院、军事学院、法学院）。

（4）组织社会实践活动。帮助班级建立实践基地。每学期组织一次实践活动。

（5）观摩学生入团选举，参加入团、入队仪式；协助举行毕业典礼仪式、成人仪式。

（6）参与班级环境建设。建设书香教室、花香教室，创建温馨班集体。

（7）联合家长学校，开展家长培训工作，提高家教水平。

（8）参加校园节日活动：运动会、合唱节、诗歌节、科技节、读书节、故事节。

（9）参加德育处的各项检查评比工作。课间操评比、班级文化建设评比、卫生和公物大检查、黑板报评比。

（10）参加表彰激励。设立“形象中学生奖”“星级学生”，开展“争星创旗”表彰活动。

（11）参与特长生培养工程。

（12）参与学困生、家庭困难学生的帮扶。

2.参与教学工作。由家委会、家校办联合教务处、教科室、教研组开展工作：

（1）课程开发。家长教师进课堂让学生大开眼界。由各班级具有一定专业技术特长和生活阅历丰富的家长组成。

从2008年3月开始，每单周四第七节举行“家长进课堂”活动，每周五五点至六点举行“家长进社团”活动。先后有2000余名家长走进课堂，破解了学校综合实践活动课程和校本课程教师资源欠缺问题。五年来，在家长的参与中，学校共开发出励志教育、法治教育、文学艺术、科技教育、医疗保健、心理健康、医药卫生、历史大观、人文自然、军事天地、饮食起居、生活常识、金融理财、手工制作等校本课程。

（2）家委会请名师名家进校园。家委会利用自身优势，定期开设名家课堂，拓展学生视野，促进学生特长发展。仅上学年，家委会先后邀请了天文学家何香涛、地震学家徐德诗、雷锋班第四任班长曲建文、见义勇为英雄徐洪刚、摄影家孔令勤等名家进校园举行讲座。

（3）实施“进班助学”制度。每天有两位家长进班陪伴学生学习和校园生活活动。

（4）评选优秀作业。

（5）创建学习型家庭。同读、同看、同乐、同讲。家长和学生一起看影视作品，并进行影评活动，同唱一首歌曲，同读一本书等。

（6）对教师监督评价。家委会评教、评课，参加学科老师座谈会。对体育课、实验课上课质量进行监督。

3.后勤服务工作。由家委会、家校办联合总务处开展工作：

（1）食堂管理。家委会在饭菜质量、价格方面发挥作用。

（2）宿舍管理。家委会参加检查、评比。

（3）校服招标和款式选定；学校宿舍用品购买。

（4）校园服务义工团。

（5）财务管理监督。对家委会公开收支。

（6）公物管理。

（7）设施安全和利用。

4.参与工会工作和党务工作。由家委会、家校办联合工会、党支部开展工作：

（1）奖励“师德标兵”、评选“优秀班主任”等工作。家委会还设立了“杏坛教育奖”“优秀家委会委员奖”“优秀家长奖”“班级家委会示范班”“文明中学生奖”等奖项。

（2）参与组织“三八”节活动。

（3）参加“关爱女孩”活动，上街进行计生宣传。

（4）参加校园优秀共产党员评选和表彰活动。

5.参与宣传、考核工作。由家委会、家校办联合办公室、宣传办、考核办开展工作：

（1）帮助学校对外宣传，扩大影响力。

（2）参加教职工评价。以班级为单位每学期评教一次；参加教职工述职报告会。

（3）家委会参加每年度的行风评议活动。

（4）定期参加学校办公会议。

（5）家委会每学期征求委员对学校教育、教学的意见和建议，向学校反馈。

6.参与学部（级部）管理：

年级家委会是学部主任的得力助手，配合检查一日常规工作。包括检查课间操、自习课、课间活动、行为规范、课前准备、进校情况、放学后学生离校情况，还有公物、卫生检查。

7.参与班级管理：

班级家委会工作是学校家委会工作的基础，是家委会建设的工作重点，也是学校家委会工作的难点。只有加强班级家委会工作才能提高学校家委会工作的实效性，使每位学生受益，促进学生成长、学校发展。因此，我校制定班级家委会十项工作目标，将家委会工作纳入班级量化考核和全员教师综合量化考核目标。

（1）组织召开一次家教论坛。交流家教经验，提升家教能力。如“怎样培养孩子良好习惯”。

（2）开展一次亲子共学活动。如，学生、家长同听一节课；学生、家长共读一本书、同唱一首歌。家校同唱“学习雷锋好榜样”“铁道游击队之歌”“家庭读书演讲比赛”“亲子才艺比赛”等。

（3）参加学生主题班会、升旗活动。如，“中华美德故事会”“安全法制在我心”“妈妈我想对您说”等主题班会。

（4）参加听课活动。以班级为单位组织家委会成员听学科教师公开课、示范课、优质课活动，并与老师座谈。学校也出台了“家委会听课教师考核办法”，提高家长对现代课堂教学的认识，促进教师课堂教学，有针对性地实施对学生学习监督和指导。

（5）观摩、指导、评比学生大课间文化活动。班级家委会每月参加一次学生大课间活动；积极参加组织学生合唱节、诗歌节、科技节、体育节活动。

（6）组织开展班级优秀作业展评活动。每学期评比各科“作业标兵”一次，通过家长评比学生优秀作业，培养学生书写规范、作业认真的好习惯。

（7）组织校外基地实践活动。每班建立一个校外基地，每学期开展两次基地实践活动，如，人文考察、环保调查、人物访谈、春游踏青活动等。做到“与生产劳动和社会实践相结合，培养德、智、体、美、劳全面发展的社会主义建设者和接班人。”

（8）校园“书香长廊义工”。在家委会“给学生增设阅读课”的建议下，我校建立了两个各五十米的阅读长廊。采取学校买一部分，家委会和学生捐一部分的办法放置书籍。请家长来值班。长廊每天12：50—13：50对学生开放。另外，开展“阅读之星”评比、“书香论坛”活动。

（9）进校值班。班级家委会主任和副主任，每周到校值班一次，帮助班主任做管理、教育工作；帮助学校家委会和年级家委会做好校园监督和常规管理工作。

（10）做社团辅导员。家长根据自己的专业和兴趣特长志愿报名参加学生社团活动。学校少年学院每周三下午四点至六点开设学生论坛和科普报告活动。

（二）“全面参与、全员参与、全程参与”的主要途径

家委会在民主监督、家长教育、日常管理、课程支持、沟通了解等方面都有工作重点。请全体家长进校参观、监督、听课、检查、服务，全面

参与学校教育过程。

1.健全组织，职责明确。成立学校领导小组，设置学校家长委员会办公室，配置专职工作人员：设置主任一名，工作人员一名；完善学校家委会组织建设，层层选举，定期换届改选，并制定例会制度。

2.领导重视，督促指导。校长重视，分管干部有责任心，是学校家委会发展的保证。每周会议有总结，下周工作有计划。各处室、各年级、各班级制订学期家委会工作计划。

3.宣传培训。宣传造势，在全体干部、教职工、学生家长和社会各界人士中广为宣传，让他们知道家委会的存在，了解家委会的工作方式方法，理解家委会参与学校全面事务管理的重要性，调动各方面力量积极支持、参加学校家委会工作。对班主任、家委会主任进行定期培训。

4.搭建通信平台，保证联系畅通。固定热线电话、手机短信、QQ群，印制通讯录，保证家委会成员、学校老师和领导通信畅通。

5.每月一次“家长开放日活动”变为天天家长开放日、助学日。

6.每位教师每个学期至少请家长听一节课，同家长座谈一次。

7.各处室、各学部和各班级分别邀请家委会参与教育活动。

8.家长进校值班常规化、制度化。分班级安排月值班表，每天每个班级有两名家长进校园、进班级参加“助学、助教”活动。保证全体家长进校园，进班级。

9.各级家委会开展自主活动。既全面参与，又突出重点。

三、家长委员会全面参与学校事务管理的愿景和感悟

对学校事务管理的参与，使学校教育和家庭教育同心合力，为学生、家长、教师共同成长创造了良好环境，实现了班主任、家长、学科老师组成的班级管理团队机制，形成了全员育人共同体，搭建了学校和社会共同管理学校教育的平台。

几年的实践与探索，我们更加有信心把这项工作继续开展下去，在学校制度管理、文化管理和内涵管理等方面，最大限度地发挥家委会的参与

作用，发挥家长们的智慧。

今后，我们将进一步强化管理、广泛吸纳、改进方式方法，使家委会在全面参与学校管理，促进学校全面发展的同时，真正成为学校的好伙伴、得力助手、教育强大的同盟军！

据2012年10月在山东省素质教育论坛（泰安）上的发言整理

关于家委会工作的实践与思考

自2009年开始，枣庄市第十五中学积极推进家委会建设，逐渐探索出一条有效的“家校合作”之路。家委会的建设同时引发出我们一系列的思考。

一、有效的探索

家长是学校办学的重要支撑，家委会是学校与家长之间的纽带，家校是促成孩子成长成功的“命运共同体”。因此，家委会建设不仅有利于学校教育的健康发展，也有利于家庭教育的优质提升，同时还有利于社会教育的融合统一。

（一）建立机构

为适应学生发展的需要，学校相继成立了班级、年级、学校三级家委会。通过家长会，班级推荐班级家委会委员，再到年级家委会主任、委员选举，最后是学校家委会大会选举产生家委会主任委员和各部部长。

我们在班级家委会设置了主任一名、副主任一名、秘书长一名和委员若干名，他们分别担任活动实践指导委员、卫生健康指导委员、安全规范指导委员、学习习惯指导委员、家庭教育指导委员、特长发展指导委员。此举完善了由班主任、学科老师、家长和学校干部组成的班教导会管理制度，实现了班级管理团队制。

在此基础上的年级家委会（学校家委会）又设置了家长教师部、家长学校讲师部（家庭教育指导部）、学生成长导师部、学生活动实践部、家长爱心助教部等。学校积极引导，使各部的功能得到最大发挥。家委会真正成为学校发展的得力助手。

（二）提高家长素质

我们常年开办家长学校，组织家长积极参加家长学校的学习活动。为真正提高家长学校的针对性和实效性，我们一方面请相关专家、学校领导开设教育讲座，组织家庭教育成功的家长和颇具实践经验的班主任与家长面对面交流，解答家长们的疑惑；另一方面，组织家委会以身示范，用行为感召更多的家长。学校号召家委会积极帮助问题学生的家长，组建“家庭发展共同体”。同时，积极引导家长们充分认识学习提升自我的重要性，并鼓励家长自觉学习。

一是开展家庭共读活动，号召家长每天腾出时间，自觉拿起书本，与子女一起读书学习，营造民好的家庭读书氛围，寻求共同的话题、共同的趣味。

二是倡导家长孩子同桌，共同参加家长会。会上同学互夸，家长夸孩子，孩子夸家长，以此增加家长的荣耀感，增添孩子的自信心，增强家长与孩子的亲和力。

三是开展家庭趣味运动会，家长孩子共同参加，增进家庭的协同运动能力，以此让孩子感受家庭协作的重要性。

四是在家长中开展“我的孩子最优秀”座谈交流活动，在学生中开展“感恩父母”征文活动，增加两方的相互理解，彼此信任。

（三）探索家委会“参教”渠道

1.吸纳家委会参与教学

首先，实施家长观课制。由学校教务处和家委会共同组织家长参与学校观课活动，深入课堂，监督指导教学。把学校原来规定的每周一天的课堂开放日改为向家长每天开放。每个班级按照序号编排和本人自愿的原则邀请家长走进课堂，一方面体验教师上课的努力，一方面感受学生学习的甘苦，从而增加对教师和学生的理解。

其次，实施家长教师制。由学校和家委会负责协调，聘请各班级有一定专业技术特长和人生阅历丰富的家长担任“家长教师”，到孩子所在的班级上实践课；开创性地实施“S型”循环授课制。近年来，相继有2000余人次的家长走进课堂，此举破解了综合实践课程教师资源匮乏的难题，给学生带来了新鲜的课堂，使其拓宽了知识，享受了教育。

再次，实施家长建设校本课程制。学校除组织家长走进课堂，与学生面对面交流外，还组织“家长教师”开发家长校本课程。对此，家长积极踊跃。近年来，我们开发、积累了励志教育（理想信念）、法治教育、文学艺术、科技教育、医疗保健、心理健康、医药卫生、历史大观、人文自然、军事天地、饮食起居、生活常识、金融理财、手工制作等校本课程20余种。在开阔学生视野的同时，也提高了学校教育的质量。

2.组织家委会参与管理

这方面的做法主要有：按计划组织家委会成员到学校值班；根据学校部署参与学校常规管理，既检查教师教案，又检查学生作业；既跟踪学生课间操，又评判课堂文化建设；既观察学生课堂学习情况，又监督学生课下日常行为；既巡查学生学习条件，又审视学生安全环境……这样充分尊重了家委会的监督权、评议权，使教师教学行为更加规范，学生学习和课外活动在监督下更安全，学校的管理水平更上新台阶。

3.邀请家委会参与决策

为真正发挥家委会的功能，学校为家委会提供专用办公室，并设置家校联络办公室，负责配合、指导家委会工作。

聘请家长教育监督员，定期邀请家委会参加学校行政例会，参与学校的决策。学校还通过召开座谈会、发放问卷、公布监督电话，广泛听取家委会意见，民主监督学校教育教学管理，让家委会委员提出合理化的建议和意见，促进学校健康发展和规范办学，维护学生和家长利益。

2010年9月，学校第一次办公会就邀请了家委会常务委员列席会议，听取了校长关于学校工作计划的报告；2011年寒假放假前夕，学校家委会期末总结会召开，家委会主任汇报了一学期来的家委会工作，并和学校领导一起给师德优秀教师颁发“杏坛教育奖”。知情权、监督权、决策权的落实，体现了学校办学的规范、科学。

4.吸引家委会参与活动

学校教育离不开活动，或者说学校教育的根本在于通过活动使学生得以体验、感受，并使其行为变为自觉。依据这一理论，学校和家委会通过多种形式吸引家长参与活动。比如学校讲师部的家长经常以班级为单位开展家教知识讲座、家教论坛活动、优秀家长经验介绍等，他们倡导发起了“创建学习型家庭”和“争当无不良嗜好家长”一系列活动，在社会上引起了广泛影响，激发了家庭的亲子情感和孩子的感恩之心。再比如学生成长导师部的家长们采取爱心结对形式帮助学生成长，指导学生安全、法治、健康、礼仪、生活教育等方面的学习，邀请公安、司法、医生和高学历家长来做学困生的生活导师、学习导师。此举扩大了导师队伍，真正实现了学校全员育人管理。还比如家长爱心助教部开展了资助家庭困难学生、奖励表彰学生，奖励师德标兵、评选十佳班主任等工作。

此外，针对孩子们身体素质差、忍耐力弱的现实，家委会组织了“青檀”亲子踏青活动，落实远足实践课程。为增强远足课的吸引力，学校和家委会整体规划课程内容，尽量考虑中学生的年龄心理特点，开展丰富多彩的文体活动，如在路上唱歌、宣誓、呼口号等；在目的地开展舞蹈、游戏、器乐、歌曲等表演活动，实现校内课和校外课、文化课和艺体课、理论课和实践课的有机结合。此举无论在训练学生体能、意志培养、情操陶冶、缓解压力方面，还是在生态教育、和谐亲子关系、自理能力培养方面，都有积极影响，为此《中国教育报》进行了专题报道。

二、引发的思考

（一）关于名称

家委会，全称是家长委员会，是指从众多家长中推荐出来的有代表性的少数家长形成的组织。但这一组织名称并没体现出工作性质和功能，仅是一个静态的名称而已。为此，我们思考能否有表明性质的名称，以让家长们明确工作属性。经过深入思考，我们认为用“家长委员促进会”或“家长联合促进会”更好一些。因为，成立家长委员会的目的就在于促进家庭教育、学校教育和社会教育的健康、有效、和谐发展，而这一“促进”功能恰好在这一名称中得以体现。从另一方面来说，这一名称又是动态的，让人从名称上即可看到行动。无论是对家长、对学生、对学校，都有一种激励作用。

（二）关于主动性

家长来自社会各个阶层，来自不同的领域。他们不同的经济、文化基础，不同的社会经历等，决定着他们在教育上有着不同的认识。传统的思维影响着众多家长，他们的观点是孩子进了学校，教育的责任、管理的责任就在老师。在这种观念支配下，他们就会找理由、寻借口推脱，就不会或不愿主动到学校参与学校管理。即使是学校邀请他们过来，他们也是走形式做样子，难以真正深入到管理过程中，降低了家委会作用。对于此种情况，尽管学校需要做耐心细致的工作，但一些家长终难变换思维。有什么更好的方法提高家长的自觉性，使其满怀信心主动参加学校管理，并与学校合力促进学校发展，则是需要多方思考的一大问题。

（三）关于三种教育的融合

家庭教育、学校教育和社会教育三者应该是有机融合在一起的，只有这样，教育才会真正起作用。换句话说，那才是真正的教育。否则，任何一方教育单独而为，都是残缺不全的，其作用也都是有限的。怎样融合？

怎样有效融合？这是摆在每一个教育者面前、值得深入研究的课题。一旦探索出合理的融合之路，教育定会焕发生机，走向真正的成功。

原文发表于《当代教育科学》2014年第4期

枣庄十五中校长邓淇访谈录

问题一：请谈谈对于家校合作的认识，以及达到这一认识的过程。

家委会成立之初，其作用仅限于跟老师、学校沟通，解决一些学生最常见的矛盾问题、学习问题，召集开家长会等。现在，家委会的管理层次已经逐步提高，不仅局限于沟通问题，它全面参与到学校管理当中。比如我们的办公会，有家委会主任参加，与学校一起商讨学校的一些决策性问题。再比如我们学校管理中的班级、教师量化打分等，往往会出现矛盾，出现不公平、不公正等现象，家委会参与打分评比，就会相对客观公正一些；我们有些评比，像班级比赛活动、班级卫生、自习课纪律评比，老师教案、作业批改评比等等，我们都会放手让家委会来做。

还有就是家委会参与学校突发、重要事情的协调协助工作。2014年，家委会协调协助学校解决了两件令我很感动也很感激的事情。一件就是我们的一个学生，晚上九点多在路上出了车祸，伤势严重，生命危在旦夕，当时被我们一个家长碰到，及时拨打120送往医院。在这个学生的抢救过程中，就是我们的家委会组织发起捐助治疗基金，在很短时间内筹集到大量医药费用，把这个学生从死亡线上给拉了回来。发生这样的事情，单靠学校一方力量是很难办到的，有家委会来做这个事情，参与面广，捐助数目大，我很感动。再一件事情令我很感激，也很惊异我们家委会力量的强大，那就是我们西校区多年来没有解决的锅炉暖气改造问题。由于历史遗留问题，我们西校区一直在使用锅炉供暖，现在锅炉淘汰，需要热力集中供暖，但管道改造会给周围邻居带来一些问题，学校很难解决。2014年眼看就要到供暖季节，这个问题仍是悬而未决。此事又是家委会出面协调，做通周围邻居工作，组织管道施工，使学校暖气及时供上，解决了社会热点难点问题。我很感谢我们的家委会。

问题二：请谈谈学校跟家委会是怎样进行深度合作的。

家委会是学校的亲密伙伴，学校三级家委会成立之后，我们东西两校都设立了专门的家委会办公室，有专人负责，让我们的家长到校后有种回家的感觉，有一个方便交流的地方。当初成立家委会的时候，我们的老师，甚至包括一部分干部不理解，认为学校多了一个组织，多了一部分监督。他们认为一帮家长进出学校，进入班级，对工作有干扰，对我们的教师上课是一种监督，甚至是监视，有抵触情绪。随着我们家校合作工作的深入开展，老师们发现，家长进校助学，不单单是对我们教学工作的一种监督，而且很大程度上是一种促进。比如家长进班助学，可以帮助班主任解决很多问题，可以帮助教师维持课堂纪律，特别是对于我们刚刚上岗的一些青年教师，家长们能给予很多激励，帮助他们尽快成长。慢慢地，老师们适应了家委会，家委会也深入学校工作的方方面面，他们参与班级组织活动，参与班级量化打分，参与教师教案、作业批改评比等等，对学校管理是提升、是帮助。家委会工作的开展，还能补充学校工作的不足。比如我们前两年连续在山东省经典诗文诵读比赛中取得一等奖的同学，都得到过枣庄市电视台专业主持人的指导，他们都是我们家委会的成员；2015年我校作为唯一一所学校代表枣庄市参加山东省在青岛举办的文艺展播，家委会也给予了很大帮助。

问题三：家校合作中学校是如何跟家长进行互动的？

家校合作是教育的助力，使得我们与家长的交流更直接，解决问题更及时。比如我们家长反映的学校管理问题，诸如校门管理，上放学开门时间问题，学生自行车摆放问题等，通过家委会跟学校合作，都能得到及时解决，使我们管理更全面，有利于教育的发展。有时个别家长在反映一些不良问题时，可能情绪比较激动，言语不大好听，我们一般都是采取热问题冷处理的办法。比如有些家长经常打电话反映学生作业过多，晚上写作业到半夜12点，家长非常着急，怕影响孩子休息，影响孩子身心健康，在反映这些问题时，情绪会有激动，提出撤换教师的要求等，我们就让家委会成员跟家长进行交流，通过他们之间的相互交流，了解孩子的真实情况，看看孩子是不是真的存在学习问题，因为老师在留作业时不可能让学生写到晚上12点也写不完，学校也决不允许这样做。出现这种现象很有可能是学生自身存在拖拉磨蹭习惯，或者是做作业时边写边玩。通过热问题冷处理，通过家长之间的交流，他们会不断总结教育孩子的方法，互通有无，对孩子教育起到很好的作用。

问题四：请谈谈学校是怎样解决家校合作中的矛盾和冲突的。

随着家委会工作的开展，逐步深入到学校的方方面面，一些家长肯定也会发现一些问题，他们会直接或间接通过家委会向学校提出要求。比如我们每年都会有部分青年教师上岗，刚刚开始工作，他们会有对教学的不适应，甚至不胜任，家长就会向学校提出撤换老师的要求。可是学校肯定得对青年教师进行保护，培养青年教师就是培养学校的未来，青年教师是学校的希望。这时学校就会协调家委会，邀请家长对青年教师进行跟踪听课，看看问题到底出在哪儿。在这方面我们有很多生动的例子，像青年教师张老师，就是被家长要求撤换过的一个青年教师，当时张老师也很委屈，认为自己尽力了，家长就是不满意。学校领导多次找张老师谈话，一方面开导他要多跟家长交流，虚心接受家长提出的问题，跟家长商量解决问题的对策；另一方面，学校协调家委会与家长进行沟通，让他们想办法帮助张老师成长。结果一年下来，张老师跟学生打成一片，跟家长打成一片，在下一年度老师调整中，该班原班主任老师调整工作，家长们异口同声要求张老师任该班班主任，可喜的是张老师现在已经成为一名非常优秀的教师、优秀的班主任。

再就是对于学校管理当中存在的不良小问题，家长们也会有些不满意，通过家委会向学校提出来。像2014年我们学校新建教学楼刚刚投入使用，有一些基础设施还不完善，家长们提出这个问题后，学校协调建筑方进行了完善；有一个很具体的问题，我印象很深，就是学校配备的新课桌凳，由于桌凳腿没有防滑垫，学生一动弹就会发出与地面的摩擦声响，楼上的会影响楼下的，影响学生上课，家委会向学校提出安装防滑垫要求，并且家委会还配合学校积极寻找能够与我们的课桌凳相适配的防滑垫，使得这一问题很快解决。

其实，家委会在参与学校管理工作中也存在一些超越职权的情况。如我们每个学年度九年级教师调配的时候，经常参与家委会工作的家长，他们也存有私心，总想把最优秀的老师留在自己孩子所在的班级，总想为自己孩子创造更有利的学习环境。这个时候我们作为学校管理者，也是作为校方家委会管理者，是杜绝这样情况发生的。为此，我们就会向家长们解释，做好沟通，尽量把九年级教师调配做到均衡，为每一个孩子创造均等的学习机会，争取家长的理解。

把矛盾在协商中解决，把怨气化解为顺气，这是我们家校合作工作中总结出的经验，家长受益，学校受益，相得益彰。

问题五：您对学校家委会工作的展望是什么？

家委会工作已经是现代教育制度中的一部分，是学校管理的有机组成部分。在未来的家委会发展中，我们会不断总结完善家委会工作制度、方法，使家委会建设更加科学合理，工作更有成效。特别是我们下一步要向家委会工作开展得比较好的地区学习，因为他们做得比较早，成功经验比较多，我们可以借鉴，也可以借用。在学习的基础上，因地制宜，发展我们自己特色的工作方式方法，打造我们自己的品牌。

原文发表于2015年10月《枣庄教育报》

家校合作　毓育双赢

近年来，枣庄十五中教育教学质量连年攀升，实现了历史性的跨越，2015年升入重点高中人数突破700大关，在全市同类学校中遥遥领先。能使一所“航空母舰”似的大校成功运转，并有效前行的秘诀，我们认为，主要在于能够针对形势，根据实际，从教育本质出发，着力实施和落实有效性的管理策略。其中，家校合作，让家委会全面参与学校管理，就是提升学校办学质量的有效途径之一。

一、家校合作是适应新教育环境下的社会需要

我校自2005年开始尝试家校合作，当时的初衷就是通过实现家校及时沟通交流，家长、老师有针对性地对学生进行教育，共同解决学生的具体问题。比如对于有的学生在课堂上课不够专心的问题，在家不能主动完成作业、不主动学习的问题，家长和老师可以及时商量对策，帮助学生，促进提高。在全面实施素质教育以后，有关教育部门要求开足开齐所有课程，可是学校面临的实际问题是师资不足，特别是一些综合实践课程，缺少专业教师。针对这种情况，我们就考虑是不是可以发挥学生家长中有专业特长的人士走进学校，走上讲台，担任家长教师。经过多年的探索和实践，我们逐步认识到，家校合作，不仅仅解决了上述两个层面的问题。随着家委会组织的健康规范

化建设，我们成立家长教师队伍，使一大批具有专业知识的家长加入到队伍中来，极大地增加了学校教育力量。家长教师队伍形成了一股强大的家校教育合力，可以有组织地开展家庭教育活动，诸如家庭教育经验交流会、学习型家庭创建活动、亲子共读活动等，培养家长的教育意识，提升家庭教育素养，促进教育进步。家委会在教学管理、青年教师培养等方面也有所帮助。家委会组织开展的家长进班助学活动，对我们的课堂教学就是督促和鞭策，很多青年教师就是在家长们的帮助下进步提高的。

实践证明，家校合作是适应新教育环境下的社会需要，家委会工作已经是现代教育制度中的一部分，是学校管理的有机组成部分。在未来的家委会发展中，我们将不断总结完善家委会工作制度、方法，使家委会建设更加科学合理，工作更有成效。特别是下一步要向家委会工作开展得比较好的地区学习，因为他们做得比较早，成功经验比较多，我们可以借鉴，也可以借用。在学习的基础上，因地制宜，发展我们自己特色的工作方式方法，打造我们自己的品牌。

二、家委会全面参与学校管理的学校责任

家校合作是实现教育共赢的一种途径，因为家庭跟学校有着共同的培养目标。为达到这一效果，全力支撑起家委会工作，让家委会全面参与到学校各项教育教学管理之中，学校应当负有的责任是进行家委会组织建设，建立落实家委会工作制度，保证家委会正常工作和健康发展。每年在起始年级新生进校的第一个月，学校会组织各个班级进行民主选举产生班级家委会，以班级家委会为基础选举产生学部家委会；在三个年级学部家委会主任、委员当中，经过个人竞选，最终民主选举产生学校家委会。在家委会管理上，学校设置学校家委会办公室，有专门人员管理，每天对家长进班助学进行登记，对家委会组织活动进行注册审查等。学校家委会办公室还负责对各家委会工作和家长参与家委会工作情况进行评比，每年对优秀家委会和家委会工作业绩突出的家长进行表彰奖励。在文化制度建设上，学校的每次大型文体活动都会邀请家长参与，家长作为家委会代表跟学校领导一起全程评价活动开展；

一些对外文化活动或是社会实践活动，学校都要求家委会参与策划、组织，集思广益，做到活动万无一失。像我们学校的校运动会、歌咏比赛、新年文艺汇演等，一些运动项目、文艺节目，都有家长参与训练、排演，还有的家长亲自参加节目。我们学校组织的“励志远足”活动，每次都会与家委会协商，事先拿出活动方案、应急预案、活动人员名单、活动路线等。

家委会制度建设和对家委会工作的要求，是保证家委会开展工作的基本保证，要做到有章可循，有法可依，保障家委会工作的良性发展。

三、培育家庭、培养家长是家委会的重要职责

苏联教育家苏霍姆林斯基指出：“不关心家长的教育修养，任何教学和教育任务，都不可能解决。”培育家庭、培养家长比直接教育孩子更重要。家庭教育不仅指对子女的教育，还包括对家长的教育，当代家庭教育应当将所有家庭成员都纳入教育对象，尤其应以对家长的教育为首。作为家庭教育基础的家长教育，需要得到更多的关注，以提高家长的教育素养，促进家庭教育质量的全面提升。

家校合作，给家庭教育搭建了一个很好的教育平台，培育家庭、培养家长就成了家委会的一个重要职责。我们在家委会的协调、参与组织之下，开展了一些常规性的家庭培育和家长培养教育活动：

1. 每学期组织召开一次家教论坛。交流家教经验，提升家教能力。如“怎样培养孩子养成良好习惯”等。

2. 创建学习型家庭教育活动。组织家长讨论家庭良好教育环境如何创设，要求家长远离不良嗜好，给孩子做出读书学习的榜样，把自己的成功做法写出心得进行交流。

3. 每学期至少开展一次亲子共学活动。如，学生、家长同听一节课、共读一本书、同唱一首歌。家长、学生同唱《学习雷锋好榜样》《铁道游击队之歌》，共同参加家庭读书演讲比赛、亲子才艺比赛等。

4. 要求家长参加一次学生主题班会、升旗活动。如，“中华美德故事会”“安全法治在我心”“妈妈我想对您说”等主题班会。

5.组织家长参加听课活动。听学科教师公开课、示范课、优质课活动。以班级为单位组织家委会成员听课，并与老师座谈。学校也出台了《家委会听课教师考核办法》，提高家长对现代课堂教学的认识，促进教师提高课堂教学能力，有针对性实施对学生学习监督和指导。

6.观摩、指导、评比学生大课间文化活动。班级家委会每月参加一次学生大课间活动；积极参加组织学生合唱节、诗歌节、科技节、体育节等活动。

7.组织开展班级优秀作业展评活动。每学期评比各科“作业标兵”一次，通过家长评比学生优秀作业，培养学生书写规范、作业认真的好习惯。

8.组织校外基地实践活动。每班建立一个校外基地，每学期开展两次基地实践活动，如，人文考察、环保调查、人物访谈、春游踏青活动等，做到“与生产劳动和社会实践相结合，培养德、智、体、美全面发展的社会主义建设者和接班人”。

9.让家长做社团辅导员。家长根据自己的专业和兴趣特长志愿报名参加学生社团活动。如枣庄十五中少年学院每周三下午四点至六点开设学生论坛和科普报告活动。

通过这些活动的开展，培养了家长们的教育意识，提升了家长们的教育素养，使家长成为学校教育的好伙伴、教师教育学生的得力助手，形成家校共同教育的强大合力，促进了教育质量的极大提升。

四、家校合作给学生成长创设更适宜的环境

学生成长环境包括家庭环境、学校环境和社会环境，外界环境因素对学生成长干扰性更大。创设和谐、温暖、幸福的教育环境，无疑为学生成长罩上一个保护罩。我们经过多年家校合作的探索和实践，成功做到家庭教育环境、学校教育环境和社会教育环境的无缝对接。

1.网络教育平台使教育更方便快捷。我校三级家委会，都建有网络教育平台，上至学校的通知指令，下至学科教师作业布置，都能通过网络平台传达到每位教师、每位家长。通过网络平台，每位家长、教师都能做到互

相沟通，大到社会对学校的问题反映，小到对单个学生的问题处理，大家都能讨论商议，探讨解决办法。

2.沟通社区、协调学校周边教育环境。我们现在的家委会管理层次已经不限于家校沟通小范围了，它渗入到学校教育管理的方方面面，起到为学校教育保驾护航的作用。可以这样说，我们的家长来自社会各阶层，有了家委会这个组织，就可以沟通协调来自社会各方面对学校教育的影响。比如2014年，由于历史原因，我校西校区毗邻一个老旧小区，集中供暖问题迟迟得不到解决，而原先学校使用的旧锅炉又面临淘汰，怎么办？结果就是我们的家委会协调各方面力量解决的。

3.矛盾化解、正面宣传途径更宽广。原先学生之间的矛盾引发家长之间的矛盾，单靠学校力量化解很费劲，通过家委会这个平台，家长之间协商沟通就好解决多了。还有就是由于家长和社会有时对学校会产生不理解或误解，比如班级教师调配、每年招生等问题，总有一些负面消息在社会传扬，学校也确实有口难辩，这时家委会就可以发挥正面宣传的作用，通过家长们的真实了解，消除误解，解除学校的一些被动局面。

4.传递温暖、弘扬正能量。利用家委会平台，在学生中传递温暖、弘扬社会正能量方面，我们也是深有体会。比如学校经常会有一些贫困家庭学生或是病伤学生需要救助，学校一方的力量比较薄弱，由家委会来做这个工作就强大了。2014年我校一名学生出车祸，就是家委会在第一时间召集募捐，把学生从死亡线上拉了回来。2015年上半年，山东省对口支援新疆援建学校图书室也是由我们家委会出面牵头建成的。

据2015年11月在中国教育学会第28次学术年会（厦门）微论坛上的发言整理

三种课程　撬动家校共育

枣庄十五中自2008年开始尝试家校合作，实践证明，家校合作是适应新教育环境下的社会需要。家委会工作已经是现代教育制度中的一部分，是学校管理的有机组成部分。在未来的家委会发展中，我们将不断总结完善家委会工作制度、方法，使家委会建设更加科学合理，工作更有成效。

一、三种课程开发让课堂灵动起来

我们国家在全面实施素质教育以后，要求开足开齐所有课程，可是学校面临的实际问题是师资不足，特别是一些综合实践课程，缺少专业教师。为解决学校存在的这一现实困难，从2008年开始，我们就考虑是不是可以发挥学生家长的作用，让家长中有专业特长的人士走进学校，走上讲台，担任家长教师。

“家长教师”是学校教育的富矿。家长来自社会的不同层面和不同行业，他们讲授的课程，是一门面向全体学生开设的，融道德教育、历史文化教育、心理健康教育、环保科学教育、创新实践于一体的综合实践活动课程。被邀家长有医生、大学教授、军人、法官、警察、园艺师、技术工人，有书法家、艺术家、设计师，也有生活阅历深的长者、商人。他们来到校园，从多角度、多层面给学生讲解生活中的知识、技能，从自身的积累和工作的实践来告知学生什么是真善美，要学会哪些生存技能和生活技能，如何增强创新意识和创新技能。

“家长教师课程”的组织与实施由学校分管校长负总责，家委会主任牵头落实，以班级为单位授课。每学期初选定主题框架，在班主任会议上研讨确立，列出学期“家长进课堂”的计划表，每周四下午活动课时间为家长教师的上课时间，所有班级同时进行。

本着让学生增进知识、开阔视野的原则，要求家长教师从已有的生活经验出发，从个人专业特长出发，从学生周围熟悉的人和事中寻找和发现教育的素材，让学生在学习中理解生活的真谛，体验人生的哲理。既可以让学生学到课本上没有的实践知识，又可以培养他们良好的品德。讲授内容从生活常识，如“早餐的营养与科学”“良好卫生习惯与疾病防治”等，到青少年心理健康与预防犯罪教育内容，如“远离网吧，珍爱生命”等，无不渗透着家长们的热情。他们的讲解有耐心，有激情，有关爱，有期望。学生们听得兴趣盎然，激动万分，课堂处处洋溢着精彩，精彩把课堂无限延长。

受“家长教师课程”开发的启示，2009年开始，在家委会协调下，我校开发“学生教师百科讲堂课程”。各班每周一次由学生主讲的“百科讲堂课程”，涵盖了军事、科技、环保、法律、礼仪、美德、艺术、体育、国学、心理健康等知识，让学生走上讲堂，锻炼了才能、拓展了视野，使学生综合素质大大提升，真正意义上实现了才能自主发现与发挥。家委会家长全程参与选题、课件制作、课程实施、课程评价等过程。

励志远足实践活动课程是以家委会为主导，班主任、任课老师为协助，学校为指导的社会实践课程。以家委会主任为核心的班级家委会是励志远足实践活动课程的主导力量，发挥着不可替代的策划、组织、管理、协调、指导的角色作用。家委会主任及主要成员的职责包括：（1）与班主任一起制定周密严谨的远足课程方案，精心设计安全线路。（2）宣传发动家长理解参与，协助班主任组织家长、学生报名参加活动。（3）指导远足课程实施过程，组织家委会责任分工，安排文体拓展活动。（4）协调家长、学生、班主任三方关系。（5）总结评价课程效果。课程的每一个流程和环节班级家委会都必须充分发挥积极性、主动性、创造性。

二、开展“精准帮扶”，呈现人间大爱

家委会平台下的教育精准帮扶，能充分发掘家长教育资源，调动家长教育积极性。我校家委会平台下的“精准帮扶”目前呈现这样几种情况：

1.校内结对帮扶。家委会和学校、学部、班主任等之间进行专项沟通，联合定位问题表现较突出的学困生，结合家长职业特点和性格特点对其进行精准帮扶。

分类对待每一个学困生，摸准学生出问题的原因所在，切实做好针对学困生的预设处理方案。通常将学困生按照性别、学习状况、家庭背景、社会背景、经历等进行分类，认真做好预设方案。

家委会代表进行走访，进行家校沟通，加强联系，积极寻求学困生家庭配合，切实把学困生产生的“土壤”剥离，以有效防止学困生出现反弹。

对学困生实行定期、不定期的“会诊”制度。根据转化工作中出现的问题和现象，及时对学困生的转化及心理健康情况进行评估，并根据新情况、新问题，及时地调整工作方法策略，采取更为有效的转化措施。

2.校外延伸拓展帮扶。我校是一所城区学校，有很多的优质家长教育资源。在家委会组织协调下，我校优质家长教育资源不断向贫困落后教育地区延伸拓展，实施精准帮扶。

我市山亭区教育相对比较落后。我校家委会选择了山亭四十中、白龙湾小学等进行精准帮扶。帮扶内容包括学习用品帮扶、生活物资帮扶，“一对一”学生学习经验交流帮扶，山区留守儿童心理辅导帮扶等。在家委会组织下，家长们还不定期走进山区开展“面对面”帮扶活动。

3.特长帮扶。家委会配合学校老师，充分发现挖掘有特长的学生，帮扶培养他们的特长，对发现人才、培养人才起到积极作用。

我校是枣庄市最早的“少年足球学校”之一。对有足球特长的学生，家委会除配合学校体育老师对他们积极培养外，还聘请社会上的一些专业

足球人士到校辅导，并组织开展一些足球比赛活动。除此之外，像音乐、舞蹈、朗诵、表演、书法、绘画等艺术特长，家委会也都有精准帮扶。

我们学校每年所进行的大型文体活动比赛，都有家委会专业人员给予指导训练，均取得良好的成绩。

三、建设“家长·学生”成长共同体，破解家庭教育热点难题

如何利用家长资源破解周末及节假日期间学生的学习及成长问题，如何利用家长资源破解有偿家教问题，是一个引起全社会思考的问题。

多年来，社会或部分老师利用节假日办辅导班的现象屡禁不止，学生上课不认真听讲，把听课的时间推到辅导班，这样既扭曲了师生关系，影响了教师队伍形象，也大大败坏了社会风气。

经过家委会反复研究，在年级家委会工作会上，七年级（7）班家委会主任提出，要利用好每一个家庭平台，以小区为单位，同一小区的3—5名同学根据兴趣爱好等组成“学习成长共同体”，这个小组成员每周末在其中一个家庭中集中学习一天或一天半，家长在家做好安排和指导，并起到监督的作用。5—6周能在每个家庭轮换一次。小组成员在一起，应考虑到学习情况、男女学生性别以及爱好和兴趣等方面的差异。

2015年9月，七年级（7）班组建了若干“学习共同体”，并积极引导班级中的老师资源无偿给这些“学习共同体”进行活动指导。实践中，他们明确了小组分工，制订了小组规范，有针对性布置活动内容等。经过一个学期的努力，在期末考试中，仅这一个班就有5人进入级部前20名。

经过部分班级的试点，我校各个班级纷纷建立起“家长·学生”成长共同体，虽然组织形式有差别，但最终目的都是实现共同进步。家长、学生充分利用节假日，共同读书、作业、游戏，很好地破解了家庭教育热点难题，不仅减轻了学生上辅导班的经济负担，提升了学生的学习兴趣，增强了学生的团队意识和合作意识，更是提升了我校的家校合作育人的水平，大大提升了我校的教育教学质量。

四、建立“家长进班助学”制度，促进家委会全面参与教育

怎样让全体家长参与教育、了解教育、支持教育、监督教育？怎样实现家委会进校活动常态化？2012年3月我校实施了全体家长进班级“助学助教”制度。组织家长进班听课、陪同并参与学生学习和校园活动。

根据制度要求，每个班级每天应有1—2名家长进班级助学听课，家委会委员每两周集体进班级参加一次活动，主任委员每周不少一次进班级助学活动。制定助学签到表、反馈表、助学注意事项，每个月排出家长轮流值日表。

家长进班助学，亲子同听一节课，激励学生；全程配合老师教育教学行为，激励老师；家长了解课堂、了解孩子，转变家长自己。通过家长“进班助学”制度的建立，实现了家委会驻校常态化，保证了全体家长参与权实现，使教师的授课质量、学生的学习质量大大提高，提高了家长志愿者精神，促进了社会和谐。

就像我校家委会主任感悟的那样，家长们纷纷走进课堂，走到孩子们身旁，他们的言行在潜移默化地影响着孩子们，大家不再以竞争为手段，而是有了互学互助的精神。我们的行动告诉了他们，大家都提升、都进步，那已不是简单的成功，而是一种幸福。

据2016年9月在全国家庭教育国际论坛上的发言整理

第四章

师生素养提升

要做一名心态阳光，有奋斗感的教师

一、做一名心态阳光，有奋斗感的教师

一个有奋斗感的教师，一定是个踏地而行的教师；一个踏地而行的教师，一定是个愿意把教育的小事做好的教师。

那些不经意间的小事：一次简短平和的谈话、一个举动、一个眼神、一个期望、一个微笑，其间饱含着教师浓浓的真情。

教育就是这样的一些小事，把小事琢磨透、处理好，就是教育艺术。

能这样思考和实践的老师，就是能把教育的小事做到位的老师；能把这样的一件件的教育小事做好了的教师就是在做真正的教育，是在做真正的教育科学研究。

二、做一名没有借口的教师

当前教师经常使用的借口有：

1.学生基础太差了……

2.我忙不过来啊……

3.找主任去……

4.这个事我做不了……

人为什么有借口？要么是懒惰、贪图安逸，要么是给自己找台阶。这样，人的潜能就不能在一种无路可退的情况下得到开发。借口只会使人习惯拖延，习惯推卸责任，习惯转嫁过失，习惯损害他人利益。

作为十五中各年级教师，无论做什么事情，你都应及时地想尽办法把它完成，实在完成不了，把责任放在自己身上，诚恳地对领导说："我没做好，我将努力。"

面对学校的各种事务，你果断地收起借口，你说："1.好的，我马上去做。2.好，我会尽力而为。3.这个事情我来做。4.行，事在人为。"

你的理念，如果是别人外加给你的，灌输给你的，并不是你从心底深处长出来的，你就会找借口。就像换了器官的人，一生都要服药，因为换到体内的器官不是自己身体上长出来的，就必然产生冲突，这个冲突要靠服药来解决。如果你的理念是内化的，你的行为就不会被那个外加的理念自然指挥，你的教育教学行为就会自觉。

三、做一名有学力感的教师

要读杂书，读杂书就像吃杂粮使人强健。一个教师肯读书，善读书，再加上勤于思考，从教育表象看到教育的本质，他就能从普通的教书匠中走出来，成为一名真正的教师。否则，没有思想的教师就不能称之为教师——只能称之为教书匠。教书匠是无法收获幸福的教育人生的。我们都看过武侠小说，我们知道真正的武林高手随手而来的就是致命的绝招，因为他们的内功已经修炼到了最高境界。

对于一个教师来说，读书就是练内功，这个功不是靠别人给的，是靠自己修炼出来的。只有修炼出属于自己的、从自己心灵深处滋生出来的、与自己浑然一体的理念，你的教育教学行为才能成为别人羡慕的、想模仿和借鉴的方式方法。

四、做一名有专业感的教师

一个真正的教师，他对教育的认识，对教育规律的把握，对教育手段的运用，对教育现象的思考，对教育契机的捕捉，都有着极强的专业能力、素养和精神的要求，并且，所有这些都必须在教育实践的土壤中生根、发芽，才会产生实际的意义和价值。

一个具备教师专业水准的教师当有以下特征：

1.具有心灵的力量。那就是他在心灵深处已把自己的人生信念和人生价值锁定于教育，他在现实的妥协中始终坚守着教育的理想，不管教育的现实与教育的理想之间有着怎样无法调和的矛盾。我坚信，一个人只要理想之光不灭，就一定能朝着教育的理想境界前进。

2.具有情意的关怀。教师应当是一个内心细腻、情感丰富的人。一旦伤害了学生的情感，那么学习对学生来说，便会是一件了无生趣的事。

3.具有人格的熏染。教育是一种影响，人格是一种熏染。一个具有专业水准的教师一定是一个人格高尚的人。他对人世的看法，对生活的态度，对学习的理解，对事物的宽容，对美的追求，对丑陋的鞭策，他坚强的意志，恒久的毅力，敬业的品质，纯净的心底，都将了无痕迹却又清晰鲜明地印刻在学生的心头。

4.具有文化的气质。教师应该代表着先进的文化。具有专业水准的教师必定是个读书人，也只有不断读书，把读书化为生命的一部分，这样的教师才是永远走在文化前沿的人。

五、做一名有积极感的教师

目前的教师做教育大致有以下三种状态：

第一种状态，把教育的事当作学校的事来做。

第二种状态，把学校的事当作自家的事来做。比起第一类，他们是老黄牛，任劳任怨，加班加点，没备好的课回家备，批改不完的作业回家批。

第三种状态，把自己的事当作教育的事来做。在他们身上，有了一种教育的主动性和创造性，他们不满足于现状，他们努力探求着教育的有效之路、高效之路，他们把教育的创新看作人生最大的满足，并且享受着探索路上的种种欢乐和痛苦。他们的生活状态已经和教育密不可分，他们的工作是教育，业余所从事的也是教育。他们的一言一行，已经逐渐和教育融为一体，教育的事就是自己的事，自己的事就是教育的事。在他们身上，我们看得到教育的情感与智慧，看得到教育的希望与光明，看得到教师发展的美好前景。

我们十五中的教师，特别是年轻教师，要想通过自身努力奋斗打拼迅速走近第三类教师的生活方式，成为真正的名师、大师，要求你积极做到以下几点：

1.不做机械重复的事，做出灵气来。

2.不做人云亦云的事，做出个性来。

3.不做应付检查的事，做出实效来。

4.不做不动脑子的事，做出思想来。

据2012年2月在枣庄十五中寒假教师师德培训会上的报告整理

我们应该怎样当老师

一、做一名有师德的教师

西方教育认为，师德就是喜欢学生，然后再补一句话，学生也喜欢他。喜欢学生，然后又被学生喜欢，就是具备良好师德的老师，既简单易懂，又直来直去，以此为标准，大家回忆下我们认同的那些师德高尚的老师并一一对照，确也发现此话的普适性。曾经研究过英美一些学校招聘教师的广告，发现他们的招聘条件十分简单，也特别雷同，除了有激情和幽默感之外，最为重要的一条就是要喜欢孩子。

我们必须触及一个常识，一个人只有喜欢一个职业，他才会发自内心地为此倾力付出；反之，对那些他尚未喜欢甚或有些厌倦的岗位，仅靠外力的约束和规范，是难以达到预期效果的。

长期的计划经济，使校园里被分配了相当一批不适合、不喜欢教育教学工作的人们，他们被拴在了教育这根大桩上不能自拔。有些人在工作之后才慢慢喜欢上了孩子，爱上了教育；有些人委曲求全，敷衍塞责；有些人对待工作貌合神离，忙里偷闲地干起了第二职业。硬是将那些不喜欢孩子的人推到教育者的位置上，强求他们爱学生，可能会有极高的社会成本和很低的社会收益，这已经被大量的实践所证明，也值得我们深思。到哪里去找有师德的教师，其实我们可以有更近的道路。

英国教育家斯宾塞说：“教育者的全部奥秘在于如何爱护学生。如果你讨厌学生，那么你的教育还没开始就已近结束。”把这句话说得再平庸一些，不要说讨厌学生，就是你处于一个中庸的状态，既不讨厌也不喜欢学生，教育也有可能要结束。美国著名成功学家戴尔·卡耐基的代表作《人性的弱点》中提出一个重要命题，即如何让别人喜欢你。如何让学生喜欢你，是所有教师面临的最大挑战。过去我们讲师德，基本上就是要求教师应该为人师表、蜡炬成灰。我们有点固执地认为，只要我爱你了，你就会喜欢我。俗话说：“剃头挑子一头热。”一旦我们的爱承载了过多的使命，带着另外的附加条件，孩子们就会从中嗅出别样的味道。真实的情况是，孩子们常常拒绝带有异味的东西，如果他不喜欢你，任何崇高的使命和宏大的目标都是空中楼阁。

有些老师一厢情愿地为学生想了许多，做了许多，可并没有把教育的种子种入学生的心田，学生没有发自肺腑的接纳他们，他们教育的园地也就颗粒无收；但也有部分老师，无论是和颜悦色还是言辞正色，却总能被学生认可。一旦师爱被学生认可，他的力量是非常巨大的。

要做一个让学生愿意接受的教师，你本身就应该是一个有道德的人。学生看老师既看才，也看德。无才无德，学生厌你；有才无德，学生敬畏你；有德无才，学生同情你；有才有德，学生才会真心拥戴你。

师德不仅是教师个人问题，也是教师群体问题，即风气问题。个人师德不好，虽然有时会在小范围里造成“一个臭鸡蛋毁了一锅汤”的坏影响，但毕竟还是小范围的事。教师群体如果风气不好，特别是有社会上的不良风气，沆瀣一气，其危害性就大了。这时的师德问题就演变成了整个教育行业的道德问题，这时的不良师风就演变成教育行业的不正之风了。

二、做一名会教课的老师

1.会教的老师上课跟着学生走；不会教的老师则始终牵着学生跟着老师走。

2.会教的老师自己悠闲让学生忙得不亦乐乎；不会教的老师则让学生闲得没事干自己瞎忙乎。

3.会教的老师把时间尽量留给学生；不会教的老师喜欢霸占时间。

4.会教的老师自己讲得少学生讲得多；不会教的老师喜欢自己滔滔不绝地讲。

5.会教的老师根据学生的学习水平分类布置作业，让每个学生都能轻松完成作业；不会教的老师布置作业一刀切。

6.会教的老师常常装作不懂；不会教的老师喜欢不懂装懂。

7.会教的老师注重抓检查抓落实；不会教的老师喜欢搞题海战术。

8.会教的老师让学生自己读书去发现、总结；不会教的老师把自己的答案端给学生。

9.会教的老师心里始终装着学生；不会教的老师心里只有教案。

10.会教的老师能把复杂的教材教简单了；不会教的老师则会把简单的知识教复杂了。

11.会教的老师敢于让学生质疑问难；不会教的老师生怕课堂“节外生枝”。

12.会教的老师关注学生的思维方法；不会教的老师只关注学生“掌握了没有”。

13.会教的老师尊重并珍惜学生已有的知识水平；不会教的老师总是把学生看得什么不懂。

14.会教的老师重视问题的思维价值；不会教的老师追求学生的脱口而出。

15.会教的老师把教后反思当作课堂的延续；不会教的老师教完课就“完事大吉”了。

16.会教的老师引导学生联系课文表达自己的思想；不会教的老师只满足于让学生从课文中找现成的答案。

17.会教的老师让学生去发现、纠正老师出现的错误知识；不会教的老师把自己教错的东西悄悄改掉。

18.会教的老师为学生搭建展示的舞台；不会教的老师千方百计让学生配合自己。

19.会教的老师抓重点，抓关键；不会教的老师喜欢面面俱到，漫天刷糨。

20.会教的老师教方法，教习惯；不会教的老师教知识，教答案。

21.会教的老师思路清晰；不会教的老师领着学生转迷魂阵。

22.会教的老师吸收优秀教法的思想精髓，课堂上灵活应用；不会教的老师学习优秀教法的皮毛，课堂上照搬别人的套路。

23.会教的老师善于倾听学生的读书、发言，从中寻找教学的良机；不会教的老师瞅着学生读书、发言的空当去忙自己的事情。

24.会教的老师善于发现学生的创造思维，及时点燃那些思维的火花；不会教的老师只关心学生的回答是否完整。

25.会教的老师希望听到学生的独立见解；不会教的老师生怕学生的回答跟老师预想的答案不一样。

26.会教的老师不怕学生答错了；不会教的老师生怕学生答错了。

27.会教的老师课堂上关注后进生，课下个别辅导；不会教的老师只满足于大堂讲，谁会谁不会心里完全没底。

28.会教的老师不仅带领学生学习知识，而且重视学生书写、表达等方面的习惯养成；不会教的老师只管学生的答案对还是不对。

29.会教的老师对学生说："这道题是有点难度，不要着急，把题目再仔细读读，还不会的话，咱们再一块儿来研究研究。"不会教的老师对学生说："怎么这么笨呀，连这么简单的题都做不出来！"

三、做课堂教学高效率的教师

教师主要应具备三种能力，即更新自我的能力、教会学生学习的能力和科学评价学生的能力。这三种能力都会集中表现在课堂教学中。今天，我们教师应该怎样上课？应该怎样使教师的能力在课堂教学中有效地发挥出来？应该怎样评价教师的课堂教学？

(一)课堂教学要有“三声”

课堂是教师工作、学生学习的主阵地，怎样构建高效课堂，怎样提高课堂教学质量，是每一名教师所追求的基本目标。有一次，我问一位很优秀的教师：“你上课成功的最大秘诀是什么？”那位教师告诉我：“课堂教学中，当我的心与学生的心融在了一起，教学肯定成功！”这位教师的话对我们很有启发，课堂教学的效率，实际上就表现在教师用心教和学生用心学上。师生之心相融，才能实实在在地获得教学的成功。

在课堂教学中，怎样做到师生心心相融呢？我提倡，课堂教学要有“三声”：

1.课堂教学中要有“笑声”

我们有些教师上课，严肃有余，活泼不够，课堂“火药味”太浓。课堂上教师老绷着脸，想用严厉来镇住学生。有时课堂上会出现斥责声、挖苦声，甚至出现哭声(不是感动)。可想而知，这样的课堂，教学活动只会停滞或低效。课堂教学中要有“笑声”，我们要懂得，师生之笑能舒缓紧张情绪，激发师生教学的积极心态，形成和谐的教学氛围。教师要树立欢乐课堂的观念，使课堂有由教学内容引发的笑声，有由教学情境设置引发的笑声，有由教师幽默语言引发的笑声，有由学生机敏语言动作引发的笑声……有笑声的课堂，师生关系和谐，学生注意力集中，学生学习参与度更大。我认为，每一节课，教师至少要让学生笑一次。心理学研究证明，人在快乐中学习，学习更主动，接受知识更快。有笑声的课堂教学，教学效率会更高。

2.课堂教学中要有“赞美声”

我们有些教师上课，习惯于做纠错的工作(这也是必要的)，教学中经常出现“批评声”“叹息声”，这样容易造成学生“无声”。其实，课堂就是学生出错的地方，教师要允许学生出错，如果没有错，那就不需要教学了。教学中，我们要改变那种一味批评纠错的方式，用激励赞扬之声来促使师生进入教学的积极兴奋状态。课堂教学中要有“赞美声”，教学中要有师生对教学内容的赞美；要有教师对学生学习进步和取得成绩的赞美；要有学生对教师精湛教学技艺的赞美；要有学生对学生学习创新的赞美……这些赞美，催发师生学习进取精神，激活师生沉淀的潜力，提高师生的美感品位。这样教学，使教学的内涵更加丰富，师生教学互动更为融洽，必将提高教学的有效性。

3.课堂教学中要有“惊讶声”

我们有些教师上课，比较注重教学任务按部就班地完成，但教学没有特点，少有亮点。有的教师只强调学生的机械记忆（对某些知识是必需的），容易使学生产生学习上的枯燥感，使学习缺乏激情。课堂教学中要有“惊讶声”，我们要明白，每一教学内容必有令学生“惊讶之处”。这要看教师是否能够挖掘教学内容并巧妙设置情景。教师本身也能呈现“惊讶之举”，这要看教师是否具有较高的素质并拿出教学绝活。好奇是孩子们的天性，课堂教学要激发学生的惊奇感，要引发学生的惊讶声。这样的教学，能够引发学生学习的自觉性，培养学生的探索精神，启迪学生的创新意识。有惊讶声的课堂，教学质量一定很高。

课堂教学中的“三声”，能够拉近教师与学生的距离，使教师与学生心心相通，心心相融。这时的教学定能迸发出成功的火花！

（二）课堂教学要体现“六个度”

随着我们对课堂教学认识的提高，教师们正在改变过去那种“选择适合教育的儿童”的做法，正在创造适合于儿童的教育。教学怎样面对全体学生，怎样促进学生学习质量的全面提高，已成为教育管理者评价课堂教学质量的重要指标。有教师对我说：“现在的课越来越难教、越来越不会教了！”这是一种教学观念还未更新的现象。因此，我们要认真学习，更新自我，用现代教学理念来构建高效课堂。

一节课上得好不好，课堂教学质量高不高，用什么来衡量呢？我认为，课堂教学要体现六个“度”。

1.课堂教学要体现学生主体的参与度

教师上课面向全体学生，以全体学生为本，这首先体现在学生主体的参与度上。第一，要看学生参与学习的广度。课堂教学中，教师要调动全体学生的学习积极性，用符合学生特点的、受学生欢迎的教学方法来吸引全体学生集中注意力学习，而不是只领着少数几个优生围着教师的教学“转”。课上得好不好，先要看动手、动口、动脑的学生多不多，要看有没有被遗忘的“角落”，有没有后进生发言和参与教学活动。第二，要看学生参与学习的深度。教学中，教师要逐步引导学生进入主动学习的状态，激发学生的求知欲。教学中，要看学生能不能向教师提问题，同学之间能不能争论问题。如果一节课上下来，学生都“懂”了（经常有教师在下课前一分钟问学生：“同学们都懂了没有？”学生齐答：“懂了。”），这要么呈现出的是教学的假象，要么就是教学没有深度。

2.课堂教学要体现学生心理的调适度

教师上课面对的是一个个鲜活的生命，学生学习的心理状态会直接影响到学生的学习。教学中，有时会出现教师精心准备的课，教下来效果不好的现象。有的教师常找的原因是学生不配合。其实，任何一次教学的不成功，原因都应在教师自身上找。教师备课，要“备学生”，要备知识技能以外的东西。其中，怎样对学生课堂学习进行心理调适，是教师重点备课的内容之一。课堂上，教师是否激发学生饱满的情绪，是否引领学生形成积极紧张的心境，是否帮助学生消除心理的干扰因素等，是教师教学能力高低的重要标志。当一名学生回答问题错误时，教师的一句“就你笨！”可能会使这名学生这节课的学习就此停滞。相反，如果教师引导激励恰当，学生心境会出现积极兴奋状态，这时，学生学习的主动性、实效性都会增强。

3.课堂教学要体现学生思维的有效度

课堂教学的根本任务是要调动学生的思维。通过教学过程，会使学生的思维得到有效的训练，从而产生思维共鸣。因此，教师要根据一定的学习目标，精心设计问题，适时提出问题，以激活学生的思维。教学中，教师要少提“是什么”的问题（许多事物一见便知，用不着去探讨它的概念），要多提“为什么”的问题（引起学生的积极思考），要精提“做什么”的问题（通过学生学习实践活动，引领学生把思维过程转化为智能的积淀和学习方法的运用）。这样，思维的有效度才更高。

4.课堂教学要体现学生情感的内化度

“情感、态度、价值观”是新课程标准要求的教学三维目标之一，课堂教学不仅是知识技能的传授，更不能忽视对学生情感的培植和内化。专家研究证明：学习的成功，情感因素占80%，智力因素只占20%。这充分表明情感因素在学习中的重要作用。教学中，学生热爱学习，对学习知识的迷恋，被教学内容所感动，为探索真知而追求……这是学生情感内化的表现。教师在教学的过程中，要积极采用创设情境、启迪心智等方式，不失时机地促进学生情感的迸发和内化。没有情感推动认知的教学，不是真情实感的教学；不能引起师生心灵共鸣的教学，不是成功的教学。

5.课堂教学要体现学生语言的鲜活度

语言是思维的外壳，课堂教学的智能信息的传递，主要是通过语言来进行的。因此，培养学生语言表达的鲜活度，是评价教学质量的重要内容。课堂上，有的教师只注意学生答问的对错，而不太注意学生答问语言的流畅性和表达方式的鲜活性。这样的教学，是“应试”的教学方式，是不完整的教学。教学中，教师不仅要评价学生答问知识的正确性，而且要评价学生语言表达的逻辑性、规范性、流畅性。要鼓励学生的个性化语言，倡导学生发言说话：大声、大方，敢说、敢问、敢争。中小学正是学生语言发展的最佳时期，课堂教学千万不能忽视学生语言训练这一重要内容。

6.课堂教学要体现学生能力的形成度

教学的最终目的在于学生形成学习能力，学生能力形成的程度是教学检测的终结指标。学生学习能力的形成是教师长期科学施教、求实训练、充分落实上述五个“度”的结果。教学中，教师能够紧扣知识点，抓住重点、突破难点、看准疑点、突出特点、展示亮点，把知识技能的学习训练有机地转换成学生持续学习的能力。要努力消除学生高分低能，只能纸上谈兵，成为“考试机器”的现象。我们不放弃对学生考试能力的培养，如学生考试心理素质、记忆能力、分析解决问题的能力、抓住要点言简意赅表达的能力、书写规范卷面整洁的习惯等，但更重要的是要把对应试能力的培养与学生终生发展能力的培养有机结合起来。对学生终生发展能力的培养，是教育的根本目标。

课堂教学的“六度”应成为教育管理者对课堂教学进行评价的基本标准。

（三）课堂教学要做到“三实”

课堂教学是落实教育内容、教育思想、教育目标的主阵地。既然要“落实”，就不能做“虚功”。我常对校长和教师们说：“教育千万不能搞形象工程，一旦贻误了学生，几乎无法挽救。”课堂教学更是实实在在的事情，我们一定要做实。一次，我问一位获竞赛课一等奖的教师：“你平时都能像这样上课吗？”这位教师回答说：“平时教学很难做到这样。”这位教师的回答是真实的。今天，课堂教学要坚持改革的方向，要不断探索，不断创新，但是，课堂教学的“实”不能丢。

怎样使课堂教学有实效，怎样的课堂教学能使广大教师都能实施呢？我强调，课堂教学要做到“三实”。

1.课堂教学要做到真实

课堂教学是育人的重要过程。由教育本质所决定，教学必须遵循真实性原则。教学中，教师要做到信息源（教材、教辅、音像、补充案例等）的真实，教学过程的真实，检测考评的真实。教师要真实地了解班情、学情，教师备课既要备教材，更要备学生、备自己，使教学符合教学规律，符合学生学习实际，这样才能真实地提高课堂教学的效率。有些课堂教学，特别是公开课、展示课、竞赛课，只是为了使教学“好看”，上课成为一种“表演”，这就失去了教学的真正意义。我听过一些特别精彩，特别“顺利”的课，课后，一些教师就提出质疑，这个班的学生怎么这么聪明？教育要强化真实，只有真实，才有真知。教师要用自己的真知灼见，去启迪学生的真情实感，这样才能做到陶行知先生所说的“千教万教教人求真，千学万学学做真人”。

2.课堂教学要做到朴实

课堂教学是学生学习的主渠道和基本形式，是广大教师和学生必须长期坚持的双边活动。课堂教学的朴实，更能体现教学的规律和教学的真实，更能被广大师生所接受，更能体现教学的实效。我不提倡上“豪华”课。“豪华”课多半只能“看”，不能“用”。特别是在公开课、竞赛课上，一是多种现代化手段都用上，如录像、录音、课件演示、图片道具、师生表演等，课堂教学使人眼花缭乱（当然，必要的、能够突破教学重难点的现代技术手段，要恰到好处地用），这样的教学反而给人“哗”而不实的感觉。另外，这样的教学成本过高，不利于推广，也只能是在个别课上点缀一下。二是教师往往将一课书（一节内容）的最精彩部分都集中在40分钟里，这样的课平时常规教学不能复制，同样给人不实的感觉。难怪许多教师在观摩学习课后感叹：“课上得很精彩，但我们上不起，学不了。”因此，我认为，课堂教学应以实效为根本，还是朴实为好。我们要倡导课堂教学现代化手段的运用，但不要画蛇添足；我们要倡导课堂教学的不断创新，但不要买椟还珠。

3.课堂教学要做到扎实

课堂教学的目的，是要使学生获得知识技能，掌握学习方法，激发思维活力，提高认知感悟水平，形成再学习的能力。要实现这一目标，需要教师一步一个脚印地扎实教学，来不得半点虚、空。课堂教学强调全部教学内容，所有教学过程，面向全体学生的“落实”，因此，教学既要以“扎实”为出发点，又要以“扎实”为收获点。我们发现，有的教师课讲得很好，有看头、有听头，但学生最后学习成绩不好（当然这里面还有应试的原因）；有的教师上公开课、竞赛课“花样”很多，但落实知识、技能、方法不够，课上完后，教师还要给学生重讲一次。这种做法，有违教学规律，容易贻误学生。我们要坚持课堂教学的扎实，这种扎实不是死记硬背，不是照搬照抄，不是单纯地复制知识。这种扎实应该体现课程改革的精神，要有知识技能学习的扎实，要有过程方法训练的扎实，更要有情感、态度、价值观培育的扎实。扎实课堂教学，能使学生不断地“山重水复疑无路，柳暗花明又一村”。扎实课堂，必能真正获得教学的实效。

教育管理者评价教师的课堂教学，要倡立“三实”导向，注重课堂教学实效。

四、做健康快乐幸福的教师

有外国人说，中国教师缺少六样东西：一是缺乏爱；二是缺乏服务意识；三是缺乏生命意识和等待意识；四是缺乏理想与激情；五是缺乏创造；六是缺乏健康与关怀。这种说法也许有所偏颇，但是，我觉得中国教师在健康、快乐、幸福这些方面是不够的。因此，我们应该积极倡导教师在辛勤工作的同时，做健康快乐幸福的教师。

（一）教师应具有“爱”的品质和能力

教师应具有“六爱”精神：爱教育、爱学校、爱学生、爱学习、爱生活、爱自己。我们要认识到，“爱”既是教师的职业品质，也是一种职业能力，更是生命力旺盛的表现。教师要锻炼自己形成快乐思维的方式和乐观向上的性格，使自己融入教育事业，融入学校，融进学生之中。一名充满爱的教师，眼中无“差”生，心中少烦恼，成功的机会更多，身体也会更健康。

我给教师写了一个“备忘录”：

1.教师出现在学生面前时，总应该是仪表端庄、情绪饱满、信心十足的。即使有不开心的事情，我也应立即调整心情，不把坏情绪留给学生。

2.教师要爱每一名学生，经常用期待的眼光打量学生，用赞赏的语言激励学生。即使有的学生学习情况不好或犯了错误，确实令人失望，我也要寻找更好的办法来帮助他。

3.教师要成为学生最喜欢的人，教学要经常引发学生的笑声、赞美声和惊讶声。即使是某些教学内容没有什么快乐因素可挖掘，我也要想办法嵌入一段开心的小插曲。

4.教师必须比一般人更爱学习，更能享受学习的乐趣。每学期至少读一本新书，要主动争取多参加教科研活动。即使没有外出学习的机会，我也要坚持自学。

5.教师要成为教育的享受者，在教育工作中不断地收获成功的喜悦。要乐于融入学校集体团队，即使校长或同事对我不公正或有误会，我对事业的执着追求也不会改变。

6.教师要热爱生活、热爱自己，经常保持乐观向上的积极心态。工作之余要有丰富的特长爱好活动。即使自己没有什么文体艺术细胞，也要经常参加一些开心的活动。

（二）教师要树立快乐工作的观念

教师工作了一天，有的说：“学生真难教，讲了一天课，我真累啊！”有的说：“学生真可爱，讲了一天课，我的收获真大啊！”这是教师对教育有着不同理解而产生的两种不同心态的表现。教师工作是一种需要较大付出的心智劳动。在这一劳动过程中，是带着“教书匠”的观念来实施教育，还是带着快乐的工作观念来实施教育，其教育结果会大不相同。我非常欣赏魏书生说的这几段话：

“人活在地球上一共两件事：第一做人，第二做事。做人认认真真守住平常心，做事实实在在为他人和自己带来快乐。”

“静下心来做眼前能做的事。大事做不来，小事赶快做；元帅当不了，好好当士兵；上如不着天，下边要着地；高处不能成，低处要肯就。这是我们所有人都能做的事。”

“人生最累的是自己折腾自己，我们不要浪费生命成本，要守住生命本真。用快乐的态度对待人生，用宁静的心态看待一切，我们就会活得很舒服。”

“人的身体是本钱，千万不要带病工作。经常看到媒体在宣传某个先进人物，说人家如何如何带病工作，号召大家向他学习。这不说是错误，起码也是个误导。当老师，可不是战争年代黄继光堵枪眼、董存瑞炸碉堡，也不是抗洪救灾，没那么紧急，可千万不能在讲台上扑通扑通昏倒了。这对国家、对家庭、对个人都是损失。”

我经常向教师们宣传魏书生的上述观点，同时希望教师们懂得：教育是教师与学生共同享受生命快乐的过程。

（三）认真做好自己不喜欢的事情

我们所干的工作，不一定都是十全十美的，不一定都是自己喜欢的，也不一定都是专业对口和自己熟悉及专长的。我们能把自己喜欢的、熟悉的工作干好，那是十分容易的事情；能把自己不喜欢的不熟悉的工作干好，这就需要人具备更高的素养。教育工作肯定会遇到“难度大，压力重，枯燥乏味，收入微薄，地位不高”等状况，确实会出现“不喜欢”的心情。但是，我们要明白，由“不喜欢”而导致的“不认真”是一种消极心态，它会使人的激情消退，智能退化，潜能封闭，使人再干喜欢的事，也会干不好。我们教育工作者一定要树立“认真做好自己不喜欢的事情”的观念，能认真干好自己不喜欢工作的人，他能干好任何工作。

有的人常常抱怨，社会对自己不公，领导对自己不用，他人比自己运气好，于是总用一种消极、抵制、躲避的情绪去对待自己的工作和人生。这样，自己不但不会进步，还会失去许多发展自己的机会，自己也不快乐。有的人把困难当磨练，把困境当挑战，把困苦当机会，不管领导对自己怎么样，不管别人对自己怎么看，不管环境怎么差，坚持自己的奋斗目标不动摇。因为他们明白，我们所做的一切，都是在为了自己的发展，艰苦奋斗更能促使人成就大事。这样的人，心态好，快乐多，成功的机会更多。

据2014年2月在枣庄十五中寒假师德培训会上的讲稿整理

现代教师的核心素养和关键能力

我国在新课程改革推进过程中发现，课程改革给教育界带来的最大挑战莫过于对“教师专业化”的挑战。正如钟启泉教授所指出的：“如何让我们的教育专业人员——每一位教师，都能拥有较高的专业素养，不是被动地适应新课程，而是主动地引领新课程，应当成为整个教育界、整个社会的共同追求。”

一、教师的课程意识和实施课程的能力

课程绝不等同于课堂、科目，也不仅仅是指学生所应学习的学科总和及其进程与安排。课程是指学校为实现培养目标而选择的教育内容及其进程的总和，它包括学校所教的各门学科和开展的有目的、有计划的教育活动，也就是学校提供给学生在学校期间得以获取知识、能力、人格以及学习经历等一切活动的总和。

教师的课程意识就是教师履行其教育教学职责过程中，对国家、地方、学校课程有目的的、有意义的反映及有方向、有层次的追求和探索。教师的课程意识是教师执行课程标准、落实课程方案的内驱力。

课程能力包括：课程理解能力、课程规划能力、课程实施能力、课程开发能力、课程评价能力、课程整合协调能力。

二、课堂教学中要重点激发学生思维，训练学生思路

将学科知识、学科思维、学科思想三个层次结合起来，指导学生思考问题、解决问题。课堂上教师要给学生充分的参与时间，让学生展示其探究和思考的过程，同时教师也要适时暴露自己的思维过程。

(一)教学改革的两个抓手：课堂和学生

课堂是教学的主阵地，学生是学习活动的主体。教学改革必须着眼于课堂和学生，并努力使二者有机渗透。当前课堂教学中存在的几个突出问题：

1.教学的量与度脱离学生的实际和生活经验，形式花哨，表面繁荣，学生的思维水平和学习能力没有得到有效提高。

2.缺乏对学生学会学习的有效指导，没有很好地发展出学生的学习策略。

3.过度考试替代了评价，对考试结果的简单处理使学生过度焦虑，造成了他们消极的生活体验。

4.学生在课堂上缺少真正的思维参与，教师对课堂教学的控制过强。

5.对课堂教学结构的优化思考和研究不够，课堂教学缺乏情境感、活动感、层次感和节奏感。

教师要尽可能创造条件让学生与教材、学生与学生、学生与教师进行对话，让学生去发现规律、总结规律、应用规律。

在教学过程中，现成的结论并不是最重要的，重要的是得出结论的过程；现成的真理并不是最重要的，重要的是发现真理的方法；现成的认识成果并不是最重要的，重要的是人类认识的自然发展过程。学生知识的获得是一个主动的过程，学生不应该是信息的被动接受者，而应该是知识获得过程的主动参与者。

叶圣陶先生说：“所谓教师之主导作用，盖在善于引导启迪，使学生自奋其力，自致其知，非谓教师滔滔讲说，学生默默聆听”，“教师之教，不在全盘授予，而在相机诱导。必令学生运其才智，勤于练习，领悟之源广

开，纯熟之功弥深，乃为善教者”。

学生的学习过程不是教师灌输、学生记忆模仿的过程，而应该是学生在教师的启发引导下探究、思考、感悟、领会的过程。教师要积极创造条件，让学生在课堂教学中有探究、思考、感悟、领会的时间和空间。提出问题的最大价值在于对学生的思维形成挑战从而产生探究的欲望。相反，大量的平庸问题不仅无助于学生的学习，而且会挤占学生有效学习的时间，影响课堂教学的质量和效益。

教师要努力提高问题、材料的“含金量”，要使其具有情境性、思辨性、代表性、示范性和启发性。通过问题分析，让学生学会对问题情境进行分析、识别，学会把握问题的内在联系，学会方法的选择应用，学会认识问题的一般规律。

教师要努力提高训练的“含金量”，训练要具有关联性、层次性、挑战性、巩固性和发展性，使学生通过训练能掌握解决问题的一般规律和方法，锻炼他们的模型识别能力、方法选择能力、心理调适能力和思维调控能力。

（二）课堂教学的主要任务

1.使每一个学生都想学、都会学、都能学好。

2.掌握基础知识和基本技能。

3.发展学生的智力和创造力。

4.培养学生良好的思维品质和学习习惯。

5.培养学生积极健康的情感、态度和价值观。

6.培养学生自主学习、主动探究的意识和能力。

（三）教学的四个层次

1.教会学生，通过教师的教使学生达成教学目标。

2.会教，通过优化教学过程和教学手段，提高教学的质量和效率。

3.通过教使学生会学，通过揭示知识发生、形成的过程，教会学生怎么去发现问题，怎么去探索、发现、总结、应用规律，从而养成自主、生动、高效的学习习惯。

4.通过教使学生要学，通过教师的有效教学，使学生的价值观发生变化，激发出持久、强劲的学习动力。

（四）课堂六问

1.教什么？

2.为什么要教？

3.教到什么程度？

4.怎么教？

5.教的怎么样？

6.如何矫正与补偿？

（五）课堂教学有效性的五大要素

1.情境与问题。

2.阅读与思维。

3.互动与引导。

4.巩固与反馈。

5.拓展与延伸。

三、在日常教学活动中敏锐地发现一切有待探索、改进的问题，是教师教学中需要有的一种心境和心态

要善于对日常教学活动中那些习以为常、司空见惯的行为和现象作一些推敲、反思和改进，使教学过程不断优化，教学质量不断提升。

（一）要善于发现问题、解决问题

提出一个好的问题是有效解决问题的关键。就教育领域的研究问题而言，好的问题应该是对学生、对自我、对社会具有教育意义的问题。教师

的研究要在身边找课题：

1.在已有的成功经验中寻找生长点。

2.从面临的突出问题中寻找突破点。

3.从教育发展的大趋势中寻找挂钩点。

4.从当代教育理论中寻找支撑点。

5.要多关注“学”的问题。

（二）改造学生的学习力

1.兴趣。

2.动力。

3.习惯。

4.方法。

（三）提升教师的教育力

什么是教育力？教育力是教育的组成部分，这个概念很早就有。陶行知曾说：“教育就是力的表现。”教育力是教师的感召力、影响力、说服力、感染力、道德力、亲和力、管理力、情感力、文化力以及科学和人文力等的融合。

四、教师应有教育的情怀

教师是一盏灯，人的能力也许有差异，但我们多多少少能照亮一个学生一点点路，仅此而已。一个学生在基础阶段可能会遇到很多个老师，你就是其中的一盏灯：你亮一点，他就能走得远一点；如果你过于暗淡，他可能不得不徘徊。所以，老师们，让我们都亮一点吧！

中华文明之所以绵延不绝、薪火相传，依靠的就是道贯古今的师者，依靠的就是化育天下的精神。既然选择了做教师，就是选择了奉献，选择了高尚，就是人生中最大的幸福。我们对教育事业的奉献，应该像阳光奉献给大地那样无私、那样无怨无悔、那样一往情深。

德国诗人赫尔曼·黑塞写过：“人生的义务并无其他，仅有的义务就是幸福，我们都是为幸福而来。”

巴尔蒙特说：“为了看看阳光，我来到世上。我来到这个世界为的是看太阳和连绵的群山。”一个人内心的纯净、光明与温暖，尽在此诗中。诗人就像一个从来没有受过伤害的人一样，如此诚挚、欣喜、宁静地歌颂着大地、阳光和喧腾不息的世界。

要成为一名优秀教师，应当具备这些品质：

1.信仰。德国哲学家、教育家雅斯贝尔斯说过：“教育需要信仰，没有信仰就不成其为教育，而只是教学的技术而已。”要坚信教育可以改变学生，也可以改变自己。成就学生，也成就自己丰富的人生。

2.追求。生命是一条奔腾的河流，不是一口枯井，只有不断追求，不断超越自我，生命才能永葆青春，生机勃勃。教育要追求学生的成长与教师的发展。

3.安静。要静得下心来，耐得住寂寞，要摆脱外界虚名浮利的诱惑，拥有丰富的内在精神世界。静能生悟，静能生慧。安静不是一潭死水，而是一种积蓄，一种涵养，是一种丰富而深刻的安静。

4.智慧。聪明不等于智慧，我们既要关注知识的学习、技能的培训和能力的提升，更要注重教育智慧的生成，让教育更多地指向学生的内心世界。

教师的成长源于内心的觉醒，而内心的觉醒源于对教育的理解、自身的认识和对幸福的追求。

教育不仅仅是捧上一张张重点学校的录取通知书，而是捧出一个个有鲜明个性的活生生的人。

教育要让学生享受丰富多彩的生命成长以及由此带来的精神快乐与幸福。因为我们相信，唯有这种快乐与幸福是持久而永恒的，是奠定人的生命基础和精神健康的源泉。

让我们共同仰望那片五彩斑斓的天空，悄悄蹲下身来，聆听来自学生的天籁，倾听花儿开放的声音。当我们跳出分数的束缚，就会惊喜地发现，原来教育的天地是那样高远，教育的内涵是那样丰富。教室里琅琅的书声，操场上矫健的身姿，都是质量的闪光，是学生生命的礼赞。

教育作为社会之基石，其对时代的推动力之巨，亦无可估量。作为教育工作者，我们责任重大。唯有努力建设高素质的教师队伍，追寻高质量的教育，才能不负时代的重托。

据2016年8月枣庄十五中暑期教师业务培训讲稿整理

深化学校法治教育　培养未来合格人才

自2010年3月份枣庄市“关爱明天、普法先行”青少年普法教育活动启动仪式在我校举行以来，枣庄十五中坚持以科学发展观为统领，积极响应会议精神，高度重视青少年法治教育工作，成立了学校法治领导小组，由主管德育的副校长主持工作，制订了普法教育制度，明确了对学生进行法治教育的根本目的是提高学生的综合素质。结合在校学生多，学生年龄处于青春期阶段，学生辨别是非的能力不强，感情容易冲动等客观现实，学校将法治教育和道德教育相结合，实施以法治教育为主题的构建“三全育人”网络、实施“333”德育课程开发、实行生活化德育管理等多项有效措施，根据学生的生理、心理特点和接受能力，有针对性地长期开展法治宣传教育，提高学生的安全意识和法治观念，取得了明显效果。

一、构建“三全育人”网络，拓宽法治教育渠道

一是实行学校全员育人导师制。教书育人是教师的光荣职责，教师不仅要会教书更重要的是会育人。学校将班级学生划分为若干小组，由班级任课教师承包学生小组，并担任个别问题学生的帮扶导师。同时，建立班主任法治教育团队，采取责任分工管理，将班级法治教育工作情况纳入量化考核。

二是建立全体家长首任教师制。家长是孩子成长的第一责任人。学校通过开办家长学校提高家长的法治理念，通过网络平台指导家教、家校网络交流合作，通过家校联系卡、学生成长册对学生进行成长激励和综合评价。成立了学校家长委员会，聘请家长担任学校法治监督员、学生成长导师和家长学校讲师。

三是实施社区全体成员单位助教制。将学校法治教育延伸到社区，改善学生社会生活环境，提高社会育人功能。组织发动学校退休教师、社区妇联、团委和关工委、学校班主任成立了学校社区教育站。建立学校社区委员会，联合派出所、巡警、交警、城管等执法部门成立了学校联合教育站。建立社区法治教育实践基地，定期组织学生到社区参加法治宣传和社会实践活动。

二、创新法治教育形式，提高法治教育实效

通过唱法治道德歌、读法治道德书、讲法治道德故事、诵安全法治规范歌谣四项活动开展，提高学生法律意识，增强道德观念，完善品德素养。预防青少年违法犯罪，保护青少年合法权益，促进青少年健康成长，促进良好学习行为、生活行为等习惯的养成。

一是唱法治道德歌。要求全校同学会唱《我是遵纪守法好少年》，会唱校歌、团歌、少先队队歌。各班必唱《我是遵纪守法好少年》，自选道德教育歌曲一首、经典歌曲一首。

各班利用每天大课间、每周班会、音乐课、课外活动时间进行演唱。每天大课间活动有学部主任、学生会干部检查评分。学校体卫艺部定期抽查评分。

二是读法治道德书。开展专题读书活动，每学期各读一本，寒暑假各读一本，一年读四本法治道德书。必读书目有《全国青少年普法教育读本》《中华美德故事》《英模人物》《中华故事宝库》《三字经》《弟子规》等。

开展法律知识竞赛和国学经典常识竞赛活动，在班级竞赛的基础上，每班推选五名选手参加校级比赛，学校选拔优秀同学参加省市级比赛。

学校开展“读法治道德书，做法治道德人”演讲比赛，在班级演讲比赛基础上，每班推选出两名选手参加学校比赛。

三是讲法治道德故事。利用班会、晨会、综合实践活动课时间开展中华故事、国学讲堂、新故事活动。讲听法治道德故事，做有道德的人，做“四有”（有理想、有道德、有文化、有纪律）新人、当“四好”（思想好、学习好、身体好、美育好）学生。

班级每人讲一个故事，每班评出两名班级故事大王，参加校级故事比赛。

四是诵安全法治规范歌谣。根据学生实际，我们把一些法律常识、交通规则、日常生活行为等编成歌谣，利用班级“三团”活动时间进行诵读，强化学生遵纪守法、遵规守纪意识。

三、夯实法治教育基础，建立法治教育长效机制

一是充分发挥课堂主渠道作用。学校定期组织学生观看普法宣传片，研究编印了《学科法治要点》，挖掘各学科教材法治内容，把法治教育渗透到课堂教学中。在教育内容上，坚持预防犯罪和明确权利义务、维护自身权益相结合，让学生懂得用法律武器保护自己的合法权益，引导学生知法、懂法、守法。学校在每年的3月和9月开展行为规范养成教育月活动，以文明礼仪、常规制度为班会主题，通过自学、座谈讨论、查摆不足、制定整改措施等形式，加强学生行为规范教育和文明礼仪教育。每学期末评选“文明礼仪标兵”“行为规范标兵”“法治学习宣传标兵”等，进一步提高了学生的法律素养。

二是建立校外长期法治教育阵地。学校积极联系法院、检察院、市劳教所、律师事务所等有关部门联合开展“关爱青少年成长，预防未成年人犯罪”活动，建立了校外学生法治教育基地，让学生走近被管制青少年，亲身感受，现身说法，真正知道什么是合法可以做的，哪些是不合法不能做的，起到了良好的警示作用，在一定程度上遏制了青少年违法犯罪的发生，学生的法治观念得到进一步增强。

三是师生安全教育常抓不懈。结合学校实际制定了学校安全工作制度，层层签订《安全目标管理责任书》，明确责任人，划分安全管理责任区，加强上学、放学、午休等重点时段的监控和学校周边环境等重点区域的综合治理。制定了《安全应急预案》，有针对性地和公安、交警、消防、卫生防疫等部门联合开展安全教育活动，定期组织安全逃生演练。抓住有利时机加强对学生进行防火、防盗、防溺水、交通安全、食品安全等方面的教育，提高了学生的自我保护能力。

通过法治教育工作的长期开展，我校学生的思想道德素质有了明显提高，学生违法违纪现象很少发生，广大青少年学会了用法律武器来维护自己的合法权益和同坏人坏事作斗争。学校法治教育与治理校风校纪、改善教育环境的有机结合，有力地促进了学校精神文明建设，校风、校纪都有了不同程度的改观，提高了学校德育工作水平，促进了青少年身心健康成长。学校多次获得省、市“普法工作先进单位”“全省未成年人思想道德建设先进单位”等荣誉称号。

普法教育工作是一项长期而艰巨的工作，在今后青少年普法工作中，我们一定再接再厉，努力营造学校普法工作的良好氛围，争当青少年普法工作的排头兵。

据2010年12月“五五”普法工作汇报材料整理

课堂融入　活动推进　家校联动
扎实推进中学生党史国史教育工作

初中阶段，是人生成长的关键时期，加强党史国史教育对帮助学生树立正确的世界观、人生观、价值观具有重大意义。为深入学习贯彻习近平总书记学习“两史”讲话精神，落实好市关工委、市教育局下发的《关于在全市青少年中深入开展党史国史教育活动的通知》，结合学校实际，我们在全校师生中深入开展了党史国史教育活动。

一、结合学校特点，强化工作措施，扎实开展党史国史教育活动

（一）把“两史”教育纳入课程

学校组织相关老师、家长编写了《中国共产党党史12讲》《中国国史20篇》两部校本教材，为每一位学生配发了《中国通史》《中国共产党党史（中学生读本）》；教务处把“两史”课程列入学校总课程表，保证每周一节课；为进一步落实好“两史”教育课，做好监督，德育和教学校长组织中层干部对“两史”教育课进行专项检查考核，在教职工例会上进行反馈；每半个学期进行一次考核汇总，结果纳入班级及老师个人量化；其他课程，例如历史、语文、思品等学科教学中也适时融入“两史”教

育……我们还充分利用好学校“榴园阅吧”这一阅读阵地，带动并引导学生学习党史国史。

（二）以实践活动为载体，使“两史”教育活动丰富多彩

1.开展“五个一”活动，即每学期读一本两史教育有关书籍，每月看一部红色经典影片，每月学唱一首革命歌曲，每周听讲一个革命故事，每日背一句格言警句等活动，使“两史”教育融入学生生活。

把“两史”教育融入课间三项文化活动。目前，七年级仅仅一个学期，每个学生至少学会了16首革命歌曲，很多学生能够做到张口就唱，例如《太行山上》《弹起我心爱的土琵琶》《我们走在大路上》《没有共产党就没有新中国》等。每年5月份是我校“红五月”合唱节，合唱节近三年的系列主题分别为“唱支山歌给党听”“畅想经典，聆听高雅”“歌唱祖国，红心向党”。

2.我们多次邀请“五老”走进学校，组织主题报告会、名家讲坛活动。邀请任士淦、王金国老人讲鲁南抗战历史；邀请雷锋班班长曲建文讲雷锋的故事；邀请著名导弹专家张德良研究员讲钱学森的故事；邀请天文学家张厚英讲我国航天成就等。

3.结合党和国家重点纪念日，适时安排系列“两史”教育活动。每周升旗仪式上，了解近期国家时事报道，进行“历史上的今天”故事演讲。先后召开的班会和国旗下演讲的主题有：“中共一大，开天辟地”“复兴中国梦，永远跟党走”等。学校通过这些适合中小学特点的系列主题活动，让学生坚定理想信念，遵守党纪国法，确保“两史”知识真正入脑入心。

4.联合知名媒体，开展“探寻抗战记忆，铭记抗战历史”系列寻访活动。齐鲁晚报、枣庄日报社、鲁南大众网等媒体对我校这一活动连续15期进行报道。例如：《为了不能忘却的记忆》《一门忠勇，举家抗日》《大忠大勇郑玉和》《红二代的深情讲述》《官桥撞车，三个人的传奇》《儿子讲铁道游击队队长王强的故事》等。

5.用好校园文化宣传阵地。我们校园文化墙绝大多数都是围绕党史国史

来进行设计的。我们每个班级前均设有“两史”教育展板，在三楼团队室大厅前设有两面折叠式“党史国史”展板。我们还建有中国故事文化长廊、英模人物文化长廊、中国书画艺术文化长廊、中国名胜长廊、科技之星星光大道、道德之星星光大道、奥运之星星光大道等。在弘扬传统文化方面，我们建有戏剧文化馆、书画艺术馆、大自然博物馆等。

（三）家校联动——开设“学生百科讲坛”“家长课堂”等学校特色课程

每双周周四下午第四节活动课是我校固定的“家长课堂”或“学生百科讲坛”时间，我们将“两史”教育内容渗透其中，鼓励学生进行党史国史的研究性学习，分享学习成果。结合家长职业特点，开发家长课程资源，请家长走上讲台，实现亲子共学。

通过各班级家委会微信平台，引导并鼓励家长多陪同子女参观革命遗址、纪念馆，观看红色电影，阅读红色书籍等。倡导家长与孩子同读一本书，十五中学生“两史”必读书目有《红军长征故事》《中国抗战故事》《雷锋故事》《铁道游击队》《上下五千年》等。

二、开拓创新，齐抓共管，努力打造十五中党史国史教育品牌

（一）进一步加强党史国史教育工作教师队伍建设

成立“两史”教育领导小组。校长任组长，分管校长任副组长，德育处、教务处、团委等中层干部任成员。

有针对性地加强教师队伍建设，组建以班主任、政史老师为骨干，全体老师共同参加党史国史教育的教师队伍。

（二）强化“两史”教育教学研究工作，打造好党史国史教育教研平台

我校在办公楼四楼设有专门的党史国史教育教学研究室，下一步继续充实“两史”资料，定期举办教研活动，定期组织“两史”研究课、观摩课，定期举办全体老师参与的“两史”学习心得论文评比等。

（三）继续抓好“两史”课程建设，落实好“两史”教材教研，指导并监督老师备好课、上好课

把学部检查和学校抽查结合起来；结合关工委、教育局等活动安排，用好榴园剧社平台，排练好“两史”课本剧；在学校网站中开辟“两史”教育专栏等。

（四）组织好“七个一”活动

结合党、国家、军队等重大节日，每月请一位“五老”走进学校、走进课堂；每学期组织一次党史国史知识竞赛；每学期举办一次个人或班级的红歌比赛；每学期进行一次经典爱国诗词诵读演讲比赛；每学期召开一次针对两史的“读书分享辩论会”活动；每年12月，开展一次红色课本剧展演活动；每学期进行一次“两史”学习大评比，评出先进个人和先进班集体等。

（五）加大资金投入，保障“两史”教育各项活动顺利开展

进一步充实“两史”教研室资料，购买教学挂图和相关光盘；组织骨干教师编写更有针对性的“两史”教育校本教材，并配发给每一位学生；为学校图书室、阅览室购配系列“两史”教育书籍，供各班借阅；每个班级建立“两史”教育图书角；定期更新“两史”教育宣传栏内容；设立专项资金，为各项活动提供资金保障。

据2016年5月在枣庄市“党史国史”教育现场会上的工作汇报整理

科技教育在路上

近几年来，枣庄十五中在上级领导部门的关心指导下，在全面推行素质教育的过程中，一直把科技教育和科技教师培养作为学校素质教育的新的发展领域，以参加各级竞赛和观摩交流为契机，积极探索适合我校的科技教育项目和模式，稳步推进学校科技教育的可持续发展。我校以培养学生的实践能力、创新精神为切入点，从空间、课程、活动、师资、科技文化等维度全面推进科技创客教育，形成良好的科技教育生态环境。

一、强化管理，健全制度，保障服务

1.加强领导，健全组织，完善制度。学校对科技活动一直都非常重视，成立了由校长任组长，副校长任副组长，专职科技教师以及数理化和信息技术教师参与的科技教育工作团队。定期召开科技教育工作小组会议，明确了工作职责，制定了学校科技教育发展规划，制定了科技教师工作守则，使学校的科技教育工作有章可循。

2.建立管理制度，工作有规划，教学有目标。完善的制度是开展工作的重要保障，为此，我校从实际出发，健全了开展科技活动的各项管理制度，修订了《科技教师岗位职责》《枣庄十五中科技创客活动发展规划》《航空模型活动开展方案》等多项科技教育活动专项制度和规划。

3.机构健全，专人专职。我校针对科技教育技术发展迅速的特点，成立了枣庄十五中科技创客教研室，制定了专人专职的制度，建立了4个创客实验室，开展3D打印、机器人、动画制作、信息学奥林匹克竞赛、航天创客系列活动培训。

二、加大投入，加强基础设备建设

“工欲善其事，必先利其器”，齐全的设备是开展科技教育工作的重要前提。为此，三年来，我们在上级主管部门的统一调配下，学校又自筹资金共计100余万元用于信息化设备的添置。现在学校基础设备齐全，有一间网络控制室，千兆主干网络，无线网络覆盖校园，专用微机教室5间，均配备了多媒体设备；每间教室均配备高清晰度电子大屏幕一体机、实物投影仪、高配置的计算机，实现了日常教学多媒体化；高标准建设录播教室1间，为我校开展科技创新活动搭建了良好的平台。

我校为了开展科技活动，建立了2个探究实验室，一个用于开展物理学探究活动，一个用于开展生物和化学探究实验活动，均有专职教师负责实验室建设，定期开展专题科技探究活动。

另外还有通过改造计算机教室打造成的3D打印实验室和机器人实验室，将原有单一信息技术教学功能的教室改造成多功能创客活动乐园。以较小的投资，获得了更多功能的拓展。

设立了专用航天创客活动实验室，配备制作工具和测量仪器，用于实践活动；为了方便航天创客师生活动，开放了学校教学楼天台供师生开展科技活动使用。

为培养广大学生的爱好，学校还建有自然科普馆、现代科技馆等展馆，定期向学生开放。

三、加强培训和科研，提高师生科学素养

1.加强培训，提高素养。教师是学校的灵魂，是学校的生命和活力所在，打造一支有战斗力的科技教师团队才是开展科技活动的关键。我听到

过一个极端的例子，一所全国著名的高中，花千万巨资建立科技创客实验室，但是闲置，花巨资购买的设备形同废铁。

我校一直非常重视对科技教师的培养。坚持不懈地把教师送出去学习，学习与科技教育相关的理论，学习其他学校的教学实践经验，使教师努力转变自身观念，不断钻研科技知识，提高自身素质，增强科技育人本领，激发自身服务学生的热情，更加热爱科技教育，争当科技教育的实践者和探索者。

2.跟踪比赛，明确目标。很多科技活动开展后，教师和学生很容易因为失去方向而不知道向何处努力，从而很容易半途而废或放弃。针对这种现象，我们制订了跟踪比赛的方针。比赛对人的能力的发掘是很大的，参与比赛的人会发挥自己的能力把事情做到最好。获奖师生的事迹会给周围的学生、老师和家长带来正向的精神感染，使更多的人有更大的热情投入到科技活动中来。我校不断开展校级的各种科技竞赛，积极参加市级、省级和国家级各种大赛，不断宣传获奖师生的事迹，从而使我校科技教育进入良性循环，学生参与热情高涨，本学期科技活动报名情况可以用热火朝天形容，其中参与卫星通联与遥感项目报名的同学超过350人，通过筛选有72人入选校队。

3.加强教研，提高教师对科技教育核心活动的驾驭能力。我校每周都有定期学科组集中教研活动，科技教师团队利用集中教研时间，讨论技术、活动开展方法、针对比赛的研究以及教学模式的研讨。通过合作交流，共同进步。

四、建设校本课程，张扬学生个性发展

1.落实课程，开拓校本。重视对学生科技素养的培养，学校积极开拓校本课程，开设3D打印、机器人、航天创客和信息学奥林匹克竞赛等科技活动校本课程，每门课程都有专职教师和专用活动空间。我校每周三、周四下午共有4节科技活动校本课程。

2.开展活动，提高能力。学生通过课程学习，领略了科技的魅力，并能在团队活动中运用学过的技能来开展活动。提升了能力，也收获了知识。

例如在“卫星通联与遥感”活动中，要求学生分工合作，在团队中发挥自己的才能，实现自己和团队共同的目标。3D打印、机器人和信息学活动更是对个人创新能力、理解记忆、综合分析等各种能力的考验。

五、活动引领，让学生在玩中积极参与科技活动

1.开展科技周活动。为了丰富校园文化生活，推动科技教育工作，全面推进素质教育，我校为每位同学提供展示个性风采的舞台，将每年11月的第一周定为科技活动周。每位科技团队的教师和探究实验室的老师，都会跟自己指导的学生一起制作各种类型的科技创意作品和科技实验，在科技活动周展示，供师生参观。在科技节期间，学校开展科技知识竞赛、科技制作、科技手抄报、网页制作比赛、科技调查等系列活动，同学们尽情施展科学才华，让更多的学生接触科技、喜欢科技、学习科技、应用科技，把我校的科技教育推向高潮。

2.创意作业，不忘普及。每年寒暑假综合实践活动作业，小发明、小创造、小课题等活动是必备内容之一，每学期上交作品、课题等多达上千件。我校设立了每月一次的创意作业，请学生把这一个月头脑中产生的最有创意的想法记录下来，分类后交给不同学科老师进行鉴别，选出最有创意的科技创意。通过家校合作，将想法变成作品；即使没有变成作品，对创意的思考也会使学生有所收获。

据2017年度枣庄市科技教育先进单位评选工作汇报整理

采先贤之文化，润今日之学子

两千多年前的古滕国，曾经独立春秋战国时期600余年，“以善治国”的大同理念，真正在那时得以实现。如今，“以善承德，德善天下”的理念在枣庄十五中得到传承，悠久的文明、灿烂的文化在枣庄十五中得以弘扬。

枣庄十五中坐落于鲁南七十二崮之首——抱犊崮下，千年古运河畔，是山东省首批传统文化体验学校、山东省首批省级规范化学校、首批教学工作示范学校、省教科研十佳学校，曾获得全国家长示范学校、全国平安和谐校园、全国非物质文化遗产传承项目学校、全国法治教育先进单位、素质教育先进学校、山东省文明单位、山东省素质教育宣传典型、山东省首批教学工作示范校等多项荣誉称号。

学校的管理经验在山东省教育厅组织的素质教育论坛上，五次作为典型被提到，被省教育厅确立为“全省素质教育典型”。2015年11月，中国教育学会第28次学术年会在厦门召开，枣庄十五中作为学术委员会专家推荐的全国十个单位之一在大会举行微论坛，这是全国唯一一所承办微论坛的初中学校。以此为标志，枣庄十五中迈入全国名校行列。近年来，我校之所以取得如此令人瞩目的成绩，是与学校重视中华优秀传统文化的传承和弘扬息息相关的。

中华文明绵延5000多年，所依托的就是优秀传统文化。齐鲁之邦是华夏礼仪文化的发源地。枣庄是山东的南大门，历史悠久，文明灿烂，孔子、孟子、墨子、荀子、奚仲等古圣先贤之智慧皆交汇于此，滋养了枣庄十五中传承弘扬中华传统文化的一片沃土。

枣庄十五中牢牢抓住这一得天独厚的地域优势，采取“全方位、多层次”的教育方式，紧紧围绕“志于道，据于德，依于仁，游于艺”这一传统文化教育精髓，将传统文化渗透到学生每天的生活学习中，努力做到传统文化教育生活化，逐步形成了独具学校特色的传统文化教育体系。

一、突出课堂教育主渠道，丰富传统文化新内涵

学生在校，以课堂学习为主。我校对语文、思品、历史等教材做了相应的改革和调整，强化中华传统文化的教育。采取有机渗透与专题教学相结合的方式，力求生动活泼，讲究实效。购买了体现中华优秀传统文化题材的专题视听学习资料，制作了展现祖国壮美山河、风土人情、历史文化的宣传展板，设计建造了国学文化墙，整理编写了《〈论语〉〈弟子规〉〈孝经〉〈朱子治家格言〉新解》（本书由光明日报出版社出版发行）、国学院、文学院系列教材，并将传统文化教育有计划地纳入德育课程体系。2013年我校在山东省率先开设了学生礼仪课程，以此来规范学生的日常文明行为，同时，还编辑整理了《明师达礼》一书，对老师的言行提出了更高的要求。枣庄十五中近万名师生从中受益，师生的综合素质得到了提高，促进了学校的形象提升。

我校还在全国首创了家长教师课堂、学生百科讲堂，将国学教育引入授课内容。学校还利用升旗仪式、主题班会、演讲比赛、国学小名士知识竞赛、中华诗词大会、朗读者、传统佳节文化体验活动、研学传统文化远足活动等形式，有目的地强化学生对中国传统文化精神的认知，让学生耳濡目染地接受中华传统文化的熏陶，以激发学生热爱祖国的情感。

二、开展校内外国学文化活动，寻找传统文化发展新路径

我校少年学院国学院、文学院的课程立足于国学经典，把握传统文化

的精要，展现古人的智慧、境界与人格力量，贯通经、史、子、集、汉字、民俗等国学领域，让学生在国学的熏陶中优化智商、情商，提升学习能力、人际交往能力，塑造孩子完善的人格。少年学院国学院、文学院汇聚了一批在国学中浸润多年、功底深厚、教学经验丰富的辅导员师资团队，他们和中青年骨干教师、优秀家长组成校内团队，并邀请北京、济南、曲阜等地国学大师及大学教授作为校外专家参与其中。

同时，我们积极承办尼山书院的各项活动。枣庄市“尼山书院”国学讲堂在市图书馆正式启动后，我校承办了30余期。承办尼山书院大讲堂活动大大增强了区域内的国学氛围，使具有悠久历史的中华优秀传统文化从校外走进校内，又从校内走出校外，既滋养了师生，又惠及了市民，受到了社会各界的一致好评，收到了良好的社会效益。

三、抓好各项常规活动，提升学生文化品位

一是开展“明礼行天下”活动，上好礼仪校本课。2006年、2014年我校原创了两套中学生文明礼仪校园操，让学生在音乐和舞动中获得情操的陶冶，快乐地接受礼仪行为规范。我们还以“礼仪、礼貌、礼节”为主要内容，开展“校园礼仪讲座”“文明礼仪知识大赛”“文明好少年评选”“名师名家进校园”等系列活动，培养学生谦虚礼貌、助人为乐、爱护公物、遵纪守法、言行合一的礼仪规范。二是开展德音雅乐、经典诵读、静思省身三大课间文化套餐活动。以传统歌曲、民族歌曲和爱国歌曲为歌唱内容，以古诗词和散文等国学经典为诵读内容，学习古人“日三省吾身”的精神，引导学生反思自己、静心修性，培养踏实敦厚、深入研究的个性品质。三是开展红石榴剧社活动。邀请非物质文化遗产——柳琴戏表演艺术家进校演示指导，将传统文化融入了校园常规活动与管理，使学生在不经意间就受到传统文化气息的熏陶，品位得到提升。

四、丰富传统文化教育活动，激发学生参与热情

开展太极文化、传统美食、中医中药进校园活动。邀请市内太极名家

走进校园，推广太极拳，普及太极文化，促进师生的身体健康，培养他们良好的心理品质，丰富校园文化内涵，提高学校文化品位，推进素质教育的全面发展。传统美食进校园活动，让学生在体会“舌尖上的传统文化”的同时，使民族技艺得以传承。中医中药教育不仅让学生学会珍爱生命、学会养生，又厚实了国学底蕴。

各种传统文化教育活动的开展，提升了学生的人生格局，增强了学习成长动力，学生的综合素质得以全面提升。每天的经典诵读，使学生逐渐形成了较高的学习专注力，内心逐渐变得宁静祥和，大大提升了记忆力，让学习变得更加轻松愉快。通过阅读，也和谐了亲子关系，融洽了师生关系，密切了同学关系，改善了家校关系，友善了家长与家长的关系，提高了学生的文化自信心。同时，学校的校风变得更纯正，学风更醇厚，教风更方正，涌现出一大批德行好少年、好老师，学校家委会建设也屡获全国大奖，学校实现了历史性跨越。在枣庄市举行的经典诗文诵读比赛中学校连续五年获得一等奖，并代表全市参加山东省的比赛，五年荣获省级一等奖。学校创作出的《嘎达梅林》《木兰辞》《七十二贤迎宾》等节目撼动心灵，催人奋进。

曾子曰：“士不可以不弘毅，任重而道远。”我们将继续加大传统文化的教育力度，撸起袖子加油干，继续做中华优秀传统文化的忠实传承者和弘扬者。

原文发表于《教育家》2017年第21期